U0035214

股票超入門 ③

基本分析 篇

◎ 恆兆文化 / 出版　　◎ 新米太郎 / 編著

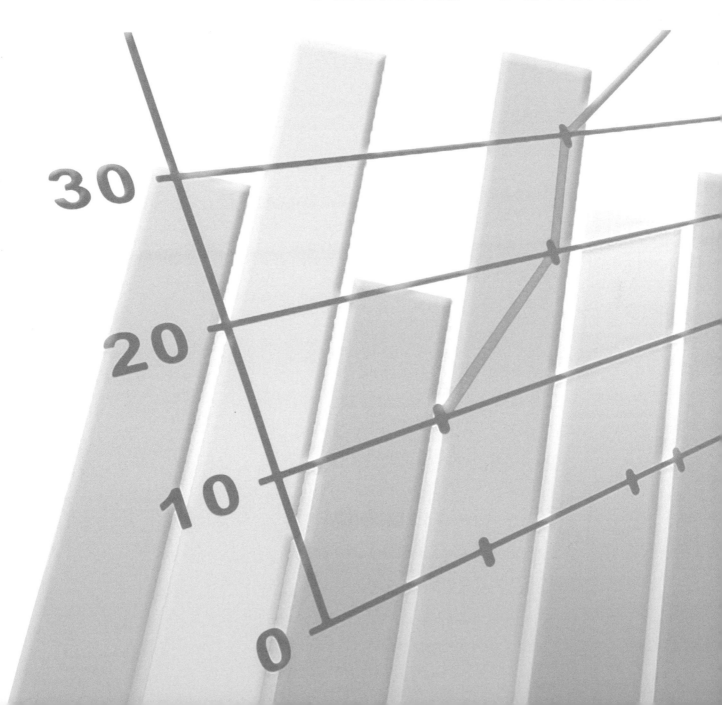

Content

Content

第 **5** 篇

巴菲特投資神功速成班

▶▶▶ 1 ▶▶▶ 基本分析目的

第一節　影響股價的因素

影響股價的因素是多元而變動的，但大體說來影響最大最重要的是企業本身的收益（利潤）狀況，包括公司的當前利益、未來利益、營運構想、長期成長的情況等。總體歸納起來可分為三種：經濟因素、非經濟因素、市場內部因素。

經濟因素就是行情走向，包括金融態勢、財政收支、物價、匯率、技術革新、海外經濟狀況和國際股市等。經濟復甦、國內利息下降、物價上升和強權國家經濟好轉等是股價上升的原因。

非經濟因素指的是包括國內、外政治狀況、國際糾紛、災難和恐怖主義等。政局不安定、戰爭的爆發和恐怖主義事件等都會影響股價下跌，兩岸政策與互動的情況也直接影響股價。

「經濟因素」和「非經濟因素」不一定與企業的營運有直接關係，卻間接對股價造成影響。與經濟因素相對的，就是市場的內部因素，它直接給股價造成影響。

這種因素是機構法人投資者的動向、交易規則、稅制、企業增資等。所謂的機構法人主要有外資、投信、自營商、及財團法人。因為這些從事證券買賣的法人買賣數量大，而且有專業人員為其分析判斷，其動向是影響股價漲跌的因素之一。

影響股價不是單一理由，權衡各種各樣的因素，客觀地進行分析是很重要的。

股票市場的外部因素

● 國內、外政治動向　● 企業營運業績　● 世界經濟景氣循環

股票市場內部因素

● 投信、自營商、法人買賣動向
● 外國投資者的買賣動向
● 股市規則　　● 企業增資 減資

	正面因素	負面因素
內部因素	實施庫藏股、機構法人、外資買超。	不利股市發展的法令。
外部因素	利率低、經濟活躍。	經濟停滯、新台幣走強。（因為台灣以出口企業較多）

第二節　基本分析的必要性與侷限

提 到對股價進行分析，最常見的兩類分析方向一種是基本分析，另一種是技術分析。技術分析的重要性自不在話下，尤其中、短期投資者都必需具備相當的能力，但基本分析也很重要，所謂的「基本分析」指的是影響股價的基礎經濟條件，包括分析全球大環境、國家和個別企業未來成長。

基本分析最主要的是調查分析企業將來的成長潛力，並比較未來的價值和現在的股價，判斷目前股價過高?還是偏低?

不管是國內外，稍具規模的證券公司都會安排分析師依產業與重要的單一企業進行調查研究。具公信力的證券公司或分析師其調查報告對市場有一定的影響力。

分析師對調查結果提出分析報告，是基本分析的典型代表。

基本分析看似合理也有缺點

參考分析師報告買進股票的投資法也稱「成長（grows）投資」。以分析師報告為基礎的成長投資在新發明或引進新技術初期較能掌握上漲契機。若能掌握住成長初階段的投資機會，就能獲得長時間的上漲行情。

不過，參考分析師報告投資人會發現報告內容總偏向於積極面，也就是「報喜不報憂型」的居多，當然，當大環境很壞的時候，投資人也會讀到一面倒看壞的分析報告，所以，看這些分析師的投資報

基本分析的特徵

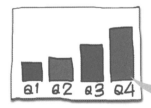

研究基本面，雖然有機會獲得巨大利潤，但是要注意股價是否已進入高價圈，以避免遭受巨大損失。

分析方法	分析國家經濟狀況和企業業績財務。
投資方法	向企業成長性投資的 "成長（grows）投資"。
優點	發明或引進新技術初期和景氣轉好初期可以活用。
缺點	股價進入高價圈依然被評等為「好」。捲入暴跌的風暴中機率增高。
具體舉例	分析師報告。

成長投資

關注企業成長能力，向能夠增長業績的個股投資的方法。從企業的成長能力來預測將來股價的變動。

告最令人頭疼的是，當報告講「好」的時候，股價通常已經漲很多;而當報告講「壞」的時候，往往已經跌很深了。

此外，證券分析報告的素質與新鮮度也有問題。雖然投資人看到分析報告的管道很簡便(在證券公司或網路上都能任意取得)。可是，這些分析報告是否來自於很有經驗也很公正的分析研究團隊之手呢？又證券公司的研究報告，一般投資人不可能全都讀到。所以，報告的「新鮮程度」也有可議之處。

畢竟分析報告首先會送到法人投資者手中，然後才向個人投資者公開。個人投資者能讀到的時候往往已經不是新鮮的資訊了。所以，當個人投資者從媒體上或證券公司讀到分析報告時，其內容對股價的影響可能早就反應在股價了，此時買進價格可能是高點。

上述所講的是常態性的狀況，另外一種是完全的居心不良，比方說，明明一家不好的公司，分析師只是掌握住一個沒有什麼重要性的話題，就把炒作成業績出現大轉機或某某技術將改寫新變革之類的。再怎麼說，分析報告並不具任何保證之責。所以投資人還是得自己小心。

閱讀基本分析報告的技巧

從上述的角度看，不閱讀分析報告反而是比較「安全」的做法。不！！當然不是這樣子的，投資人不管採用長期投資或短期交易，了解公司的產品、競爭力、市場概況甚至是國際情勢都必須透過證券公司所提供的分析研究報告獲得，但是，認真的投資人絕不能照單全收，自己要認真的收集資料，並跟其他的分析報告佐證。

如果非常想買分析報告所推薦極力說好的股票，為慎重起見，等待當前上漲局勢結束，回檔調整後再買進比較保險。

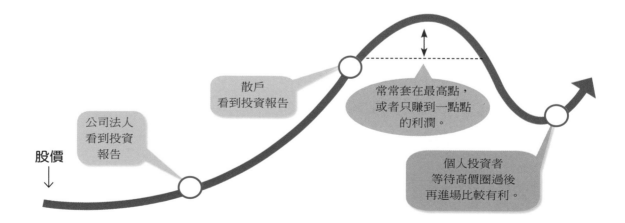

散戶
看到投資報告

公司法人
看到投資
報告

股價
↓

常常套在最高點，
或者只賺到一點點
的利潤。

個人投資者
等待高價圈過後
再進場比較有利。

第三節　有關「股票評等」這回事

證券公司、投顧公司會每天或不定期公布對上市上櫃公司的研究報告與評等。評等一般會分成「買進」、「逢低買進」、「觀望」、「逢高賣出」、「賣出」幾種等級。現在手機簡訊很方便，投資人也常會接到像什麼「xxx公司今年看上5元！」「飆股特報！！外資買超XXX股XXX張。」

像這樣的投資評等或推薦國內外法人與證券公司都有。不過，評等始終是一種預測，有很多是落空的。重點是即使評估錯誤，分析師和證券公司也不需付責任。畢竟投資判斷始終是投資者自身的責任，因此看股票評估時要注意以下幾點：

第一，預測值是相對的不是絕對的。

第二，要注意評等概況指的是哪一段時間。

第三，其他單位的評估比較一下。

有些證券研究員對自己所善長的行業(股票)有很深入的研究，比方說，有的研究員專門研究塑化類股，其所提供的塑化研究報告有很高的參考價值，可是有些研究員為了要評估企業，多次的拜訪企業高層聽取簡報，如此投資人反而要很小心，因人情或商業壓力，證券研究員是很難把他們的顧客(或朋友)評估得很低的。若是對方心懷不善跟公司一起作價、拉抬、放假消息，投資人也許可以很多次都賺到錢，但只要遇到一次主力有意的坑殺就會讓投資人受傷很重。

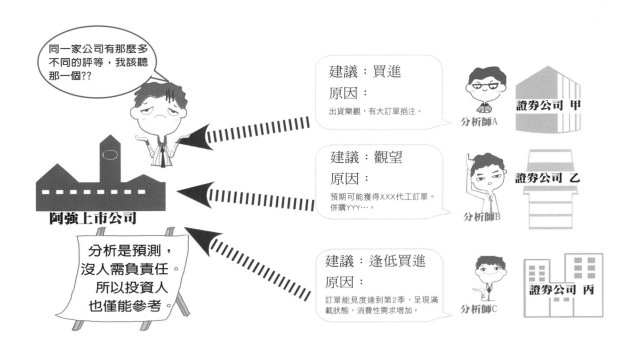

第四節　基本面→供需→股價的關係

基本分析，也就是個別企業經濟基礎條件分析！只要是影響企業獲利發展的所有條件都可視為企業基本面的一部份。

嚴格來說，分析企業的基本面最先要看所屬國家的總體經濟，包括政治穩定性、貨幣政策、利率政策。再來是所屬產業的分析，包括產業的前景，產業平均本益比高低、是否有題材、有無政策作多等等都應考慮。最後才是個股分析，包括個別股票的營運情況、財務結構、營運風險、成長潛力等等。

若說簡單一點，則是在介入前先看風險有多大，會不會有財務危機，會不會變為地雷股，再來是評估以後有多少上漲的空間，目前的股價是被高估或被低估，由公司的成長性和股利政策來決定適合長期投資或是賺短期價差。

緊跟實況的信號，更值得信賴

由於這些大都由財報分析，所以，也有人簡單的把看財報視為基本分析。

一面查看股價圖價格變動，一面配合企業經濟基礎條件，如此，從圖表模式中判斷的買賣指標會增加其可靠度。

為什麼呢？

首先，直接影響股價的主要因素是「供需」。供需是指想買股票的人和想賣股票的人之間的勢力狀況。如果想買股票的人多，而想賣股票的人少，股價就容易上漲，這種狀況叫「供需良好」；反過來，如果想買股票的人少，而想賣股票的人多，股價就容易下跌。這種狀況叫「供需不好」。

影響這種供需的是經濟基礎條件。

如果公司業績發展未來被看好，那麼想買這家公司股票的人就會增多，如果這家公司快要倒閉，想賣掉它的股票的人就會蜂擁而至。因此，表面上看得到股價的漲跌，但背地裡影響股價的真正因素是企業的基本條件，也就是經濟基礎條件影響供需，供需又會影響股價。而形成了：經濟基礎條件→供需→股價的關係。

從以上說明可知，經濟基礎條件和股價之間介入了「供需」這個重要因素。如此，這兩者的動向之間就存在了偏差——

比如，明明企業經濟基礎條件良好，但是由於某種原因讓很多股東必須賣掉手中的股票；又或者是很多人都不知道企業其實經濟基礎條件狀況良好，並沒有很多人想強力持有這檔股票，以上的因素都將讓供需不理想。股價的上漲就會滯後。

相反的，也有可能公司本身並不是那麼有實力，但是，如果出現了像IT熱潮（或是能源熱潮、生技熱潮……）那樣的情形，想要購買該公司股票的人就會蜂擁而

至，這樣，股價就會超出它原本的價值從而成為高價股。這就是所謂的泡沫。

從長遠來看，公司本身情況良好，但是股價低，這樣的公司股票總有一天會上漲；而那種泡沫股票總有一天會大幅下跌。

如此一考慮，我們就可以說，即使透過圖表模式和技術指標確認了其強勁的走勢和絕佳的買進標誌，但買進那種泡沫式股票是有風險的。相反的，如果經濟基礎條件良好的股票出現上行走勢或買進信號時，圖表標誌的可靠度就更高。

影響股價的根本原因

基本面	業績⋯⋯⋯⋯⋯ 營業收入上漲了
	企業動向⋯⋯⋯⋯ 開發新產品或換王牌魅力經營者
	景氣動向⋯⋯⋯⋯ 景氣變好

直接影響股價的主要因素

| 供需 | 想買的人多 = 供需良好 → 股價上升 |
| | 想賣的人多 = 供需不好 → 股價下跌 |

影響股價波動

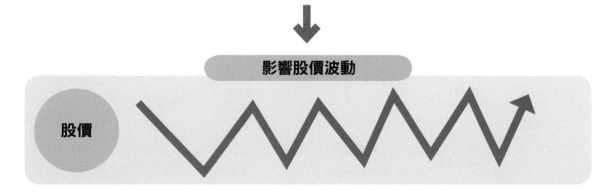

| 股價 | |

股價與企業營運

股價並不影響公司內部的營運。
簡單來說，假如企業有一仟萬，股價上漲了50%，公司還是有一仟萬；股價下跌了，公司還是有一仟萬。

第五節　基本面與供需關係

媒體常用「行情」來表達市場價格變動，例如股市行情、匯率行情、商品行情等這類字眼，所謂的「行情」，大體分成三種意思：

1 交易的價格，也就是市價。

2 不採用實物交易，而是利用價格變動的投機交易。

3 常規和評價。

股價漲跌是供需的結果

行情（股價）每日每刻都在變化。雖然企業業績和經濟狀況不可能瞬間變化，但股價卻一直在變化。而影響「行情」最關鍵的要點是什麼呢？

供需是決定市價的全部因素！

比方說，受颱風影響青蔥供給量下降，價格就會上漲；農夫種太多芒果收成太好，芒果價格就下降。

相同的道理，股價也是由需求（購買）和供給（出售）的關係決定的。相對於賣出，買進的人多股價就會上升；相對於買進，賣出的人多股價就會下降。

股價變動的最大原因是投資者的委託購買和委託賣出在時時刻刻發生變化。出現新技術開發計畫的企業和業績創新高的企業，股票會吸引很多投資者，委託購買就會增加，股價也會跟著上升。

發生了國際紛爭或政治不安定的時候，經濟走向不穩，投資者就會控制股票投資，對股票的需求減少，股價就會陷入低迷狀態。

外資和國內大型基金投入，股票投資金額會增加，股價就上漲。

股價就像這樣藉由供給和需求關係來決定。對投資人而言蒐集供需關係變化資訊，是投資成功相當重要的關鍵。

供需決定股價

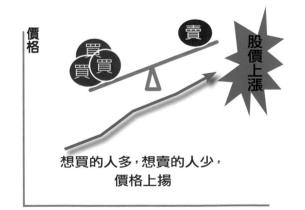

想買的人多，想賣的人少，
價格上揚

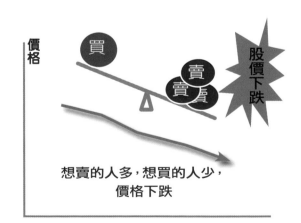

想賣的人多，想買的人少，
價格下跌

第六節 基本分析目的① 以客觀資料判斷公司

攤開報章媒體，能引起投資興趣的產業或公司應有不少吧！舉凡綠建材的廠商、取代石油的新能源、殺手級的新技術……聽起來實在「粉迷人」，但如果主觀的憑感覺判斷，就認定值得買進，這樣就過於躁進了。發現感興趣的題材，應進一步研究基本面以客觀的數據評估企業的未來！

只投資看得懂的公司

「不要投資你不了解的公司。」這是所有投資專家一再提醒大眾的金科玉律，以巴菲特而言他就不買科技股，理由只因他不懂。雖然我們可能已經生活得很「高科技」了，不過，「高科技」光聽名字就讓人感覺很厲害。尤其是聽到「這個公司開發了很棒的新技術」，自己即使不懂，也會不禁覺得「哇！很了不起」。但是如果你對這個產業或技術還是門外漢，不知道這項技術好在哪，能夠賺進多少利潤。要嘛就下苦工研究，否則就別買。

例如，從新聞上知道大陸即將大規模的換發LED路燈，認真的投資人可不能只捉到新聞就跟風買進媒體推薦的相關個股，應多費心去研究這種「高科技」在產業結構鍊上是做什麼用的？是誰在用？用在什麼地方？這家公司的競爭優勢有什麼？競爭對手強不強?財報結果如何?

如果真的不想像考聯考一樣讀那麼多資料，那就別買它了。國內上市櫃公司有千家之譜，其中大部分的企業都可以不納入投資選項。只投入到自己喜歡的、擅長的領域才是成功的秘訣。日常生活中找到的只是「好公司的候選」，是否是真正的好公司要好好的用「資料」來確認，而這就是基本分析目的之一。

投資不能光靠話題，深究企業與業績才是王道

產業結構、上下游關連圖都是基本面應關注的

(本範例為XQ球贏家看盤軟體提供)

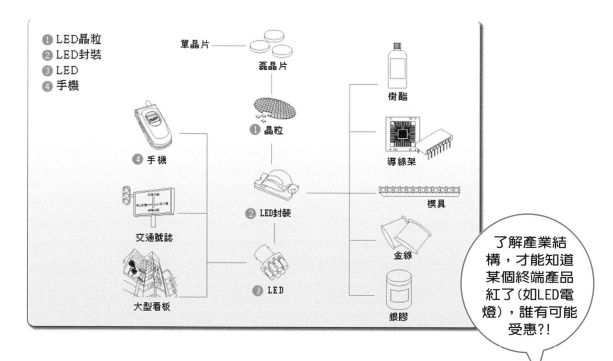

① LED晶粒
② LED封裝
③ LED
④ 手機

了解產業結構，才能知道某個終端產品紅了(如LED電燈)，誰有可能受惠?!

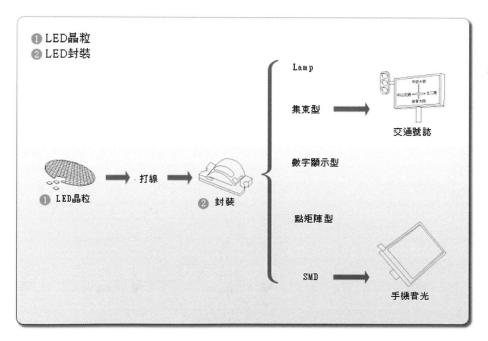

① LED晶粒
② LED封裝

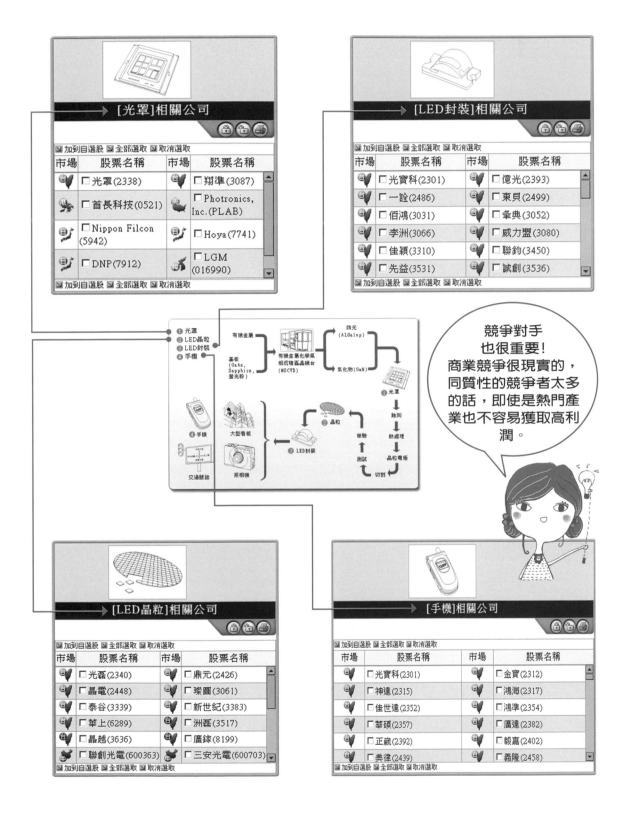

第七節 基本分析目的② 檢查利潤

企業的目的就是獲利,再美好的願景若沒有獲利為基礎一切都只是空談,而獲利與否的評估重點就來自財報。本文把財報拆成大兩塊,第一塊先看這家公司會不會賺錢;第二塊就看這家公司未來幾年財務有沒有問題。

怎麼看一家公司賺錢了嗎?有沒有賺錢就是看公司的「利潤」,而一般所稱的利潤有三種:

第一種:營業毛利

營業毛利可以檢視企業經營的產品或服務是不是有競爭力。有競爭力的公司,最具體的表現除了營業收入很高之外,就是要毛利高。也就是產品能帶來真正的銷售利益。什麼是毛利呢?

假設你開了一家咖啡豆專賣店,每一箱咖啡豆進貨成本是100元,賣出一箱的收入是150元,毛利就是50(150-100)元。

營業毛利率則是營業毛利50÷營業收入150的百分比,也就是33%。

毛利的高低不同產業相距很大。以IC設計公司而言,通常營業額不高,但毛利很高,因為這種產業賣的是人的「智價」,設計公司一旦有能力製作出搶手的、獨門的商品時毛利有時高達50%以上;反之,若是像大賣場、超商之類的百貨流通業,進一箱沐浴乳500元,可能只能賣550元,毛利常常在一成左右,要有

利潤得靠大量的營業額才行。

第二種:營業利益

營業利益有人又稱它為「營業淨利」,就是企業的本業收入扣除直接的成本再扣除管銷費用就是營業利益。它可以顯示企業的本業是否有賺錢能力。因為營業利益是扣除直接與間接成本,所以也可以顯示出企業的經營控管能力。

把營業利益除以營業收入,就是營業利益率(簡稱:營益率)。如果上例的咖啡豆公司每月要支付人事雜支10,其營益率就是27%(40÷150)。

營益率跟行業別也有很大的關係,軟體業通常擁有較高的營益率,但像百貨業、物流業,必需僱用較多的人工,管銷費用高營益率就不高。

第三種:本期淨利

企業最終目的,是在產生淨利。簡單的說,就是一段營業期間內,企業的總收入減去總支出。一家公司可能本業很強賺很多錢,但業外亂投資或是負債過高導致利息壓垮獲利,反而淨利不高甚至出現虧損。一家出現淨損的公司,表示營運大有問題。相對的,也有公司本業強、業外收入也好,這種公司的經營能力就很強。

以前文的咖啡豆公司為例,如果今年賺了40,而業外投資又賺了20,淨利就是60(40+20),因為這是未繳稅前的獲利,

所以就叫稅前淨利。如果當年度必需繳稅5，稅後淨利就是55(60-5)，稅後淨利也叫本期淨利。以稅前淨利除以這家公司流通在外的股數，得到的數字就是稅前每股盈餘；以稅後淨利除以這家公司流通在外的股數，得到的數字就是稅後每股盈餘。一般都會以EPS稱之，所以，在財報上經常會看到EPS(稅前)、EPS(稅後)。

查看營收和營益的發展

最基本看財報的方向，就是查看上述這三種利潤的情況如何，如果這三種指標都有上升的趨勢，第一關算是通過了，也可以說是暫時合格的股票。

(本圖為yam-股市範例)

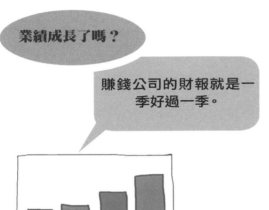

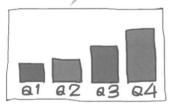

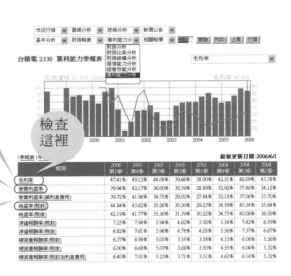

第八節 基本分析目的 ③ 成長仍有空間嗎？

確認公司是否完成了本期的業績預測，重要的是未來是否仍持續這樣的好勢頭。

比起過去和現在，看準未來對於投資股票來說更加重要。尤其是公司公布的業績預測，所有投資人都很關注。

預測資料當然有它的參考價值。不過，判斷預測是否真正符合實際也很重要。有時公司的預測可能不準，因為預測是自我報告，有的公司預測樂觀，也有的公司會保守預測。再美好的預測，如果不準確，那也只是畫餅充飢。一旦公佈向下方修正，失望的投資者會同時將持有的股票賣出。如果這樣，股價會暴跌……！

在公司還沒有調整獲利目標之前，證券公司、投信、網站都會有一些評估報告，包括業務是否如期？重大計畫的達成率如何？此外，也會有公司董事長或重要經理人的訪談，這些在正式財報尚未出爐前都會有些風聲與資料。尤其要留心產業龍頭重量級人物的訪談，如果企業家本身已建立起相當的信譽，他個人對企業未來樂觀或悲觀往往會大大的影響未來股價。

除了看財報了解業績的成長狀況，還要再確認以下4點。

1.公司規模是否過大

股本大的公司，可以顯示以往經營績效良好，所以累積了較多的經營資本。不過，也因為股本大，另一個意義是獲利難度提高了。

這就像大小不同的兩個盤子，小盤子只要裝一瓢水盤子就很滿了，但大盤子裝了同樣的一瓢水，卻對整體影響不大。這也就是為什麼股市老手，不喜歡大股本公司的緣故，因為比起小公司而言，要長期提供良好的盈餘相對不易。

早期台灣的科技類股採高配股的股利策略，一方面企業為了取得商機必需不斷的擴充資本，所以獲利多數並未以現金發放給股東而是盈餘轉增資配發股票。對投資人來說，高額配股意味著股本大獲利稀釋，但因為有「高成長」為題材，投資人也樂得參與除權。然而，股本愈來愈大等於分母加大，除非利潤能跟得上股本的同步增長，否則獲利一定會稀釋。

2.商品和服務是否有魅力？

選公司不能只看財報還要看公司的價值。所謂的價值，經營團隊過去為股東所創造的利潤、淨值並不代表未來就能不斷的持續，公司的產品或服務是否有魅力，公司特有的優勢在哪裡？這是未來業績增長的前提。

3.還會迅速增長嗎？

下方修正

公司將業績預測往下修正。新的一年企業會公布上一年的決算（業績結果）和新一年的業績預測。如果之後發展沒有預估的順利，就要將預測往下修正。

產業前景不明是企業成長趨緩的重要原因。相對來說，產業前景大好，且公司掌握了獨特難以取代的優勢時，企業成長可期，股價自然大有表現空間。

因此，投資人要多方面判斷「公司業績還會增長嗎？」是否剛起步，還是業務已經擴大到一定程度了？如果企業現在很有人氣，但繼續增長的餘地不大，那麼業績和股價的增長可能不會很順利。

4.競爭是否過於激烈？

是否有競爭公司？如果有，對方會不會對該公司構成威脅。再有希望的公司，如果競爭對手過多，競爭過於激烈，獲利可能會變得困難。

競爭激烈化導致過度降價捲入價格戰，使得公司業績惡化就是典型的例子。業務只有這個公司能做，或者新進公司很難參與的企業相對來說比較好。

還會成長嗎？很重要

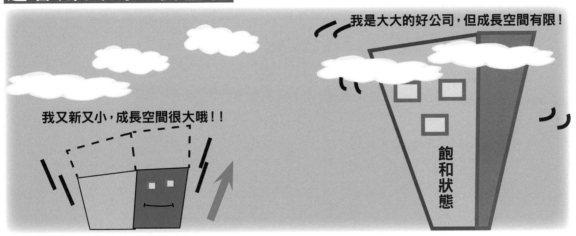

我是大大的好公司，但成長空間有限！

我又新又小，成長空間很大哦！！

飽和狀態

比起過去的業績，未來的更重要

加油 加油 加油

就像看賽馬比賽一樣，過去的成績只能當參考。
重要的還是誰能在這一局比賽中得勝。
不過，沒有過去的表現做為基礎，也很難判斷未來如何。

法說會

法說會是「法人說明會」的簡稱。上市公司為了向公司的大股東、市場上的三大法人(包括外資、投信、自營商)報告公司最近的訊息與未來前景，大都會選在每一季的季報公布前(或半年報公布前)召開法說會。

在證交所的公開資訊觀測站或上市公司自己的官方網站都可以找得到召開的日期。不過，這不是股東會，所以不對一般股東開放。

理論上法說會如果公布利空或利多消息，應該會影響股票價格。不過，通常只有很短期的影響或完全不影響，因為不管利多或利空，在法說會前股價通常會提前反應，法說會只是「說一說」而已。

第九節 基本分析目的 ④ 排除瀕臨倒閉的公司

業績好，貸款過多或是現金不足的公司也有倒閉的危險。因此要對財務體質進行確認。

注意負債比率過高的公司！

「總負債佔總資產比率」是說明公司經營舉債比率高低的計算工具。也就是公司資產中，借款的部分所占比例。

公司的總資產扣除股東自己的資產後所剩部分叫總負債。總負債跟總資產相比就是「總負債佔總資產比率」。

負債比率越低表示財務愈安全。但達到百分之多少才可以說安全？各個行業不同最好的方式是跟同業相比。例如銀行和不動產等行業，負債比會比較高，但如果高到超過100%，那就非常危險。這種公司，基本上可以排除在投資選擇以外，因為負債比高過100%顯示公司經營過度擴張，將來資金周轉有可能出現困難。

但對於股東來說，負債比率過低也不是好現象，最好公司有能力借到低利的資金，可以創造高利潤的收益，股東就可以因公司的「低息舉債經營」而獲得更多的報酬。

由流動比率看償債能力

負債比不高可說公司體質健康，但短期現金流動如何？也很重要。

試想，如果一位大地主手邊沒有現金，可能連碗陽春麵都吃不起。因此，投資前要查看「流動比率」與「速動比率」，以評估公司短期償債能力如何？

流動比率就是一家公司手上的流動資產除以流動負債的比率，流動資產（又稱：「短期資產」指的是一年內或一個營業循環內，可轉換為現金的資產）大於流動負債（一年內到期的負債）時，表示公司一年內的營運資產所帶入的資金流量可以清償負債。相對的，如果流動負債大於流動資產，就會出現「資不抵債」的情形。

計算公式——

流動比率＝流動資產／流動負債

如果企業的流動比率高於 2 倍（200％），表示企業在短期償債能力上不會有問題，如果在 2 倍（200％）以下，甚至有嚴重偏低的情形時，表示企業在財務的控管上有缺失，就得小心了。

右圖台積電當年度的流動比率高達627.9％，表示台積電是錢多多的企業，流動比率在6倍以上的企業，償債能力可說是穩如泰山。

你可以上網隨便找幾家公司看一看企業的流動比率如何。就可以比較出並非每一家上市上櫃公司都像台積電現金這麼充裕的。

學看財報

看財報，初學者一開始不能貪多，先就一、兩個項目看懂了之後逐漸加多會計項目會學得比較輕鬆。如果一口氣想把每個會計項目先搞懂，等到接觸財報的時候，還是會「霧煞煞」。

由速動比率看短期償債能力

「速動比率」跟前面的「流動比率」只相差一個字，速動資產是流動資產中的一部份，就是企業可以快速變現的所有資產，包現金、銀行存款、債券、股票、應收帳款及應收票據。簡單來說，「速動」比「流動」的變現性還要高。速動比率的概念與計算方式一樣，只把分子改成「速動資產」。

計算公式——

速動比率＝速動資產／流動負債

所以，所謂的「速動比率」就是用速動資產清償流動負債的比率。

速動比率高，公司償債能力強；速動比率低，表示公司償債能力差。

一般當速動比率大於 1 倍，算是企業具備了安全償債能力；低於 1 時，就表示公司短期的資金調度能力較吃緊。

範例：短期公司有沒有倒閉的危險？

由蕃薯藤查詢台積電：

是不是地雷股？

有充足的流動資產，一年內發生債務危機的可能性低。

可快速變現的資產像現金、短期應收帳。這種資產充裕，短期債務就可以從容應付。

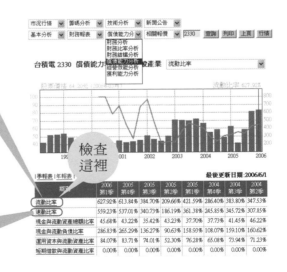

控制風險獲利

現在有人利用數學公式計算樂透彩的「穩贏報酬」。

開發這種計算公式的人是聰明的，至少對「投資人」來說，先把勝敗的機率計算出來再花錢買運氣，能承受多少風險自己心裡就有個譜。

股票的投資遠比彩券獲勝機率易算多了。因此，每位投資人都該有自己一套控制風險獲利方程式。

範例：公司有沒有向外借太多錢？

由蕃薯藤查詢台積電：

借錢比率高嗎？

負債比率愈高，表示借錢借愈多；比率愈低，財務就愈安全。

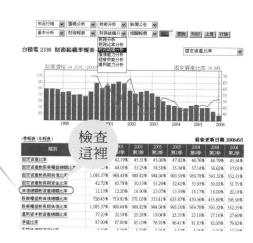

公司的總資產 = 他人的資產（=負債）／自己的資產（=股東資產）

總負債佔總資產比率 = 負債總額 / 總資產

$$\text{總負債佔總資產比率} = \frac{\text{負債總額}}{\text{總資產}}$$

負債比率愈高表示企業借錢愈多，借太多錢公司就不穩。但有的行業會借款很多，所以要跟同行相比較客觀。

合理的獲利預期，10年資產翻6倍不是夢

許多人捨定存而就股票是因為「想像中」股票能獲取大利潤。但能獲利到何種程度？可能會損失到什麼程度？一般投資人大都沒有事先計算好。

10萬塊，三個月說不定可以變成50萬！！或者，應該可以更多……雖然口裡沒有這麼說，不過，心裡似乎總有那樣的一絲期待！

沒有具體的方案，盼望機會到來可以大賺一把，這種想法除了危險之外還是危險。如果心裡想著一舉獲得巨大利潤，就會浮躁不安，為了滿足心中那個「賺很多」的念頭，就會轉而探聽消息，或是對價格激烈變動的個股出手，結局通常不會很好。股票投資不是賭博，如果想要增加財產，這樣是不行的。

可能有人認為股價不規則的上漲下跌，通過股票投資使資產增值有點困難。股票投資確實沒有百分之百勝算，但有合理計算與預期的方法，那就是「制定年度計劃」。確定年度的交易次數、一次投資的停利率、一次投資的停損率，按照這些資料像套公式一樣的操作。比如，設定一次投資的停利率是12%，一次投資的停損率是8%。如果以一勝一敗的形勢持續投資，那麼每一次兩者之間的差4%就是利潤。如此反復5次，粗略計算可以獲得20%的利潤。持續10年後，就會像下圖一樣資產增值到6倍。

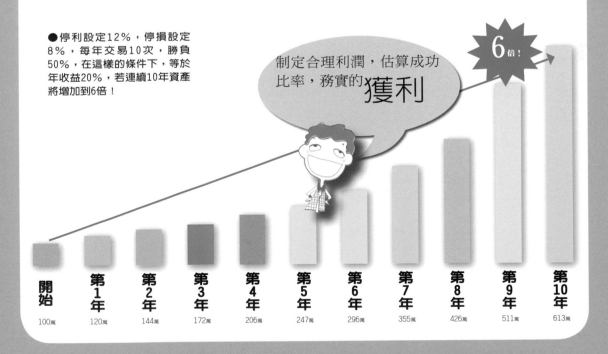

●停利設定12%，停損設定8%，每年交易10次，勝負50%，在這樣的條件下，等於年收益20%，若連續10年資產將增加到6倍！

制定合理利潤，估算成功比率，務實的獲利

6倍！

開始	第1年	第2年	第3年	第4年	第5年	第6年	第7年	第8年	第9年	第10年
100萬	120萬	144萬	172萬	206萬	247萬	296萬	355萬	426萬	511萬	613萬

第十節 基本分析目的 ⑤ 強化消息&便宜的準確性

投資股票很重要的技術分析與看盤選股，讀過本系列股票超入門1與2的讀者應該不陌生，然而，只能倚靠圖表與技術指標就足夠了嗎?股價走向會因為加入了「便宜度」和「消息」這種基本面的條件而提高了判斷為買進、賣出的可靠性。

右頁(2397)友通股價圖中的A處（2006年6月中旬）正是齊備了「便宜度」、「消息」、「良好的圖表模式」這3個條件，之後股價就上漲到了原來的好幾倍。

"驚奇"使便宜股的供需好轉

友通是電腦主機板製造廠，在2006年中旬之前，相對於公司的資產和業績，股價一直都很便宜，也不怎麼受市場投資人青睞。當時平均每股的解散價值(每股淨值)大約是25元。但是在A處的股價頂多不會超過20元，也就是說，如果投資人用20元不到的股價買進那個時候的友通，而那個時候的友通把公司賣掉，資產全數變成現金，並把它退還股東，每人還能拿回25元。

再看看股價的部份，從本益比(PER)的指標來看，用2005年每股獲利3.66元計算，當時股價就算20元，也不到6倍(20÷3.66=5.46)。

在這種情況下，友通在A點的地方市場還預估業績即將向上修正。這樣出乎意料的好消息是提高投資人對該公司關注度的一個機會。

從右圖可以看出，好消息出現後股價大幅上漲。也越來越多的人關注到該公司良好的業績和便宜的股價。由此供需好轉，股價進入了上升走勢。

總結內容，可以說股價「便宜」就像是滿罐了汽油，而「好消息」則像點火裝置。兩者具備就有一鼓作氣上漲的能量。「便宜+好消息」是從基本面判斷的買進標誌。從股價圖來看與我們在「股票超入門－－技術分析」一書中介紹的「向上突破盤整，買!」模式吻合。從基本面看如果股票由經濟條件判斷為「買進」的話，那麼，圖表模式的買進標誌可靠性就會更高。投資人對便宜度和消息的關注，可以使運用股價圖的買賣戰略勝算大增。

"消息"有哪些種類？

消息中最具代表的是與業績有關，除外還有「讓信譽好的公司併購」、「發表劃時代的新產品」、「鐵腕董事長或總經理就任」、「發布大膽的裁員計劃」等等都是好消息。而「雖然企業利潤增加了，但是沒有達到預期的目標」、「競爭對手推出了有力的新產品」、「大股東大量申報股票轉讓」則是壞消息。

靠意外的好消息突破盤整!

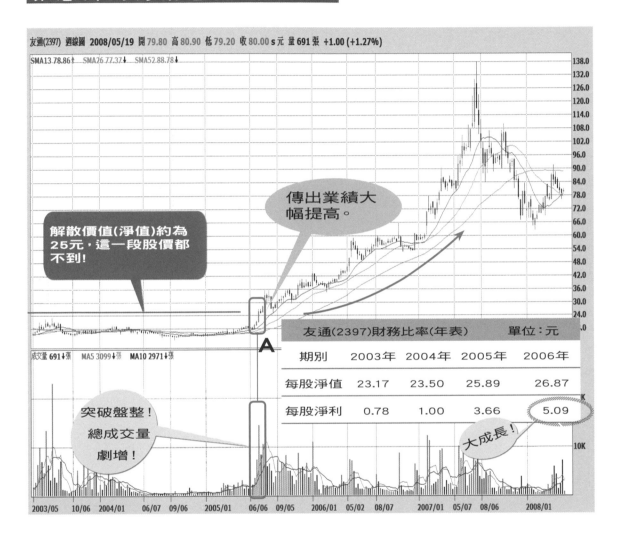

友通(2397) 週線圖 2008/05/19 開79.80 高80.90 低79.20 收80.00 s元 量691張 +1.00 (+1.27%)

SMA13 78.86↑ SMA26 77.37↓ SMA52 88.78↓

解散價值(淨值)約為25元,這一段股價都不到!

傳出業績大幅提高。

突破盤整!
總成交量
劇增!

成交量 691↓張 MA5 3099↓張 MA10 2971↓張

大成長!

友通(2397)財務比率(年表) 單位:元

期別	2003年	2004年	2005年	2006年
每股淨值	23.17	23.50	25.89	26.87
每股淨利	0.78	1.00	3.66	5.09

便宜 + 好消息 + 人氣 (從圖表看突破盤整) = 大幅上漲

股價便宜

股價便宜與否要從相對性來看,包括業績、成長性、資產等方面。

▶▶▶ **2** ▶▶▶ 分析總體經濟站對方向

第一節　利率對股價的影響

　般說來利率上漲股價下跌；利率下降股價上漲。用一個簡單的記法是：利率與股價是「天敵」。

利率與股價通常呈反向變動

當利率上升，企業從金融機構借入資金就得增加支付利息，如此一來，營運獲利被利息支出所壓縮而變小，利潤變小分紅就少，投資人買進的意願降低，於是股價下跌。另外，利率上升使得企業借貸資金用於設備投資擴展營運的意願相對減少，造成的結果將使得企業成長停滯、業績無法突破，連帶的加班費和業績獎金也就減少……。個人所得減少了，個人的消費支出也就減少……。經濟整體活力呈現疲弱。投資人身上沒有多餘的錢，投入股票的資金變少，股市也就冷冷清清了。因為股市冷清賺不到錢，投資人就會想辦法把多餘的錢尋求另外的途徑。

試想，銀行利率很好，你還會有很高的意願把錢投入未知的股市嗎？把錢存進銀行或郵局，可以獲得安全可靠的利息，相對的將閒錢投入有下跌風險的股票投資的意願也就減少。

此外，投資者對於向金融機構借入資金進行股票投資的意願，也會因為要支付較高的利息而減少。整體股市買氣減落的狀況下，股價也就下跌。

相反地，如果利率下降，企業支付的利息就會減少，利潤就會增加。投資人存款獲息不如買股票獲利，投資活力提振，經濟整體上呈現一片活躍氣象。企業的剩餘資金和個人資金會流入股票市場，股價就會上升。

本節所指的利率

1 公定利率：央行銀行貸給其他銀行的利率。

2 長期利率：10年以上長期國債利率。

3 短期貸款利率：銀行間短期借貸利率。

利率　股價

投資人由股市落跑，把錢存進銀行。

第二節　匯率對股價的影響

國內目前被稱為經濟支柱的企業多以外銷為主，又產業原物料的獲得則多仰賴進口；而進、出口結算多採美元計，因此匯率變動就直接牽動著了國內企業的獲利能力。匯率如何影響企業及股價呢？分別由「進口物料」與「產品外銷」這兩方面來了解。在進口物料方面，

當新台幣升值時，企業的進貨成本減少，獲利能力提升，有利股價上漲；當新台幣匯率貶值時，進貨成本提高，獲利能力降低導致股價下滑。銷售額的部份，當新台幣貶值，銷售額因匯差而增加，有利於股價上漲。新台幣匯率升值，銷售額因匯差下降股價下滑。

物料進口

1美元：33元新台幣

支付US100萬 ＝支付NT3300萬

→成本減少　股價上漲

 V.S.

1美元：35元新台幣

支付US100萬 ＝支付NT3500萬

→成本增加　股價下跌

產品外銷

收入US100萬 ＝收入NT3300萬

→營收減少　股價下跌

 V.S.

收入US100萬 ＝收入NT3500萬

→營收增加　股價上漲

不過，就出口產業而言，還要考慮貿易競爭對手國匯率的變動情況如何。例如，08年下半年台灣對美元強力貶值，與此同時，同屬亞洲出口國的韓國同樣強力貶值，如此，即使台幣大貶對出口競爭優勢提升就不明顯了，因此，除了單純的匯

率升貶問是外，也要考慮其他問題，包括升、貶值速度是緩慢的？還是快速的？也是影響企業收益的重點。通常，如果匯率屬於緩慢升或緩慢降的情形，對產業影響就不大，因為企業有時間可以做好因應匯率變動的措施。

外資的兩面操作

大部位的外資法人機構，買賣股票大都依據基本面選股，再做長期的操作，而且考慮的方向不止是持有企業的本身，除了匯率外，還可以用期貨來作避險或套利；比方說，表面上外資雖然在台股做多單，但可能同時已經在期貨市場佈空單，只等時機成熟，就把手中的持股賣出，一方面獲利了結，而投資人一看到外資大賣也常跟著賣出，股價就嘩啦嘩啦的下跌，如此，大盤下跌後已佈局期貨空單的外資就等著坐收漁利。

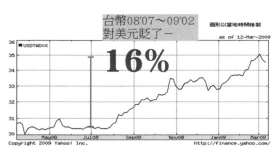

台幣08'07~09'02 對美元貶了－ 16%

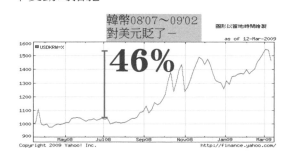

韓幣08'07~09'02 對美元貶了－ 46%

第三節 判斷行情的指標

我們經常說「景氣好」、「景氣不好」,但如何為「景氣」尋得參考指標呢?

景氣連續的變動,一段時間景氣持續走好,不久又陷入低迷;接著景氣下坡不久又好轉。這就是常聽到的景氣循環。雖然很多專家學者試著找出景氣循環周期的公式,不過,沒有放諸四海皆準的方式。

雖然如此,景氣還是跟股價有很高的相關性。景氣繁榮時各行各業獲利,游資充斥股市萬頭鑽動;景氣蕭條企業營運困難,除了體質好的企業外,企業是在比誰虧得少。企業不賺錢投資人更沒有錢,股價就低落。

觀察景氣動向有很多種指標,最常用也最重要的有:GNP/GDP、CPI、貨幣供給額、外銷訂單金額及年增率、景氣動向領先指標……等等。

重要指標1:GDP/GNP

國內生產總值GDP(Gross Domestic Product),是所有行情指標中最重要的一項。表示一國的經濟規模,其對上一季的增加率稱為經濟成長率,是判斷經濟情勢

GDP就是……

- 個人購買產品和服務使用的錢
- 公司用在設備、投資上所用的錢
- 公司生產產品作為庫存增加的金額
- 政府購買產品和服務所花的錢
- 政府蓋公共建設使用錢
- 出口額－進口額

＋

GDP

原來如此!
GDP＝消費＋投資＋政府支出＋出口－進口

的重要指標。

換言之，如果這個區域的GDP增長（景氣好）是指生產擴大，消費增加，可以推想的是企業營業額增加，利潤增加股價也會跟著上升。

GNP(Gross National Product)是指一國國民從事所有生產活動結果所創造產生的附加價值總和。GNP的數值高低，直接代表了經濟景氣的好壞。

相對的，景氣如果持續一段時間的榮景，而GNP數值超乎預期，則有可能發生景氣過熱現象。

行政院主計處在每年2月、5月、8月、11月的15～20日都將公布最近一季的GDP/GNP，此外經建會、中經院、台經院、中研院、台綜院等機構也會提供。

重要指標2：CPI

CPI就是消費者物價指數(年增率)。CPI是以與居民生活有關的產品及勞務價格統計出來的物價變動指標。我國的調查項目包括食衣住行育樂等564項商品。

比較兩段不同期間的CPI可以知道該期間物價上漲幅度。

重要指標3：貨幣供給額

貨幣供給額指的是某一特定時點，銀行體系以外的企業及個人（含非營利團體）所保有的通貨及存款貨幣總額。

貨幣供給又有廣義與狹義之分，廣義貨幣供給額即俗稱的M2，狹義的貨幣供給額為M1A及M1B。

M1A=通貨淨額+支票存款淨額+活期存款，這三種通貨都是流動性高且極富交易媒介價值的。

M1B=M1A+活期儲蓄存款

M2=M1B＋準貨幣

貨幣供給額M1A、M1B、M2的增減，三者有著微妙關係，當M2減少且M1A 及M1B顯著增時，可以研判，部分的投資人將定存解約並將這些錢轉存到活存。這種情況代表股市可能在活絡中，因為股款交割均為活存及支存。

貨幣供給額由中央銀行統計提供，每月25日公布上月數值。

重要指標4：外銷訂單

由於台灣大量依賴對外貿易，因此外銷訂單為台灣景氣的重要領先指標，因為這些外銷訂單約經過1～3個月將轉化成為外銷金額。外銷訂單增加對股市為利多消息，顯示廠商業績仍處於擴張階段，並且為匯市的潛在升值力道。

外銷訂單統計是輸出貿易的先期指標，是經濟景氣預測的依據。目前是由經濟部按月以抽查推估方式計算。

通貨

通貨，就是「通用貨幣」的簡稱，這裡所指的貨幣不單單只是一般所認知的現金，也不只大家熟悉的新台幣，通貨還包含了信用卡和旅行支票等流通程度100％的交易媒界。

準貨幣

準貨幣指企業及個人在貨幣機構的定期存款（包括一般定存及可轉讓定期存單）、定期儲蓄存款、外匯存款（包括外匯活期存款、外匯定期存款及外幣定期存單）以及郵匯局自行吸收之郵政儲金總數。

重要指標5：景氣動向領先指標

　　景氣對策綜合判斷分數是行政院經建會根據各經濟活動指標所編製，用以判斷未來景氣。

　　『紅燈』，表示景氣過熱

　　『黃紅燈』，表示景氣微熱

　　『綠燈』，表示景氣穩定

　　『黃藍燈』，表示景氣欠佳

　　『藍燈』，表示景氣衰退。

　　編製這項信號的統計數據共有貨幣供給、放款、票據交換、製造業新接訂單指數、海關出口值、工業生產指數、製造業生產指數、製造業成品存貨率、股價指數等九項。一般多以綜合判斷分數來作為景氣狀況的參考。

其他的景氣指標

領先指標	同時指標
1.製造業平均每月工時	1.工業生產指數變動率
2.製造業新接訂單指數變動率	2.製造業生產指數變動率
3.海關出口值變動率	3.製造業銷售值
4.股價指數變動率	4.製造業平均每人每月薪資變動率
5.躉售物價指數變動率	5.票據交換金額變動率
6.貨幣供給M1b變動率	6.國內貨運量
7.台灣地區房屋建築申請面積	

指標公布日期與單位

公布日期	名稱	單位	公布日期	名稱	單位
每月05日	物價概況	主計處	每月25日	景氣動向	台經院
每月05日	外匯存底	中央銀行	每月27日	景氣概況	經建會
每月07日	海關進出口	財政部	每月29日	商業動向	經濟部
每月21日	就業市場	主計處	每季第二個月中旬	經濟成長率	主計處
每月23日	外銷訂單工業生產	經濟部	每季第二個月中旬	國際收支	中央銀行
每月25日	貨幣供給	中央銀行			

股價總比景氣早一步反應

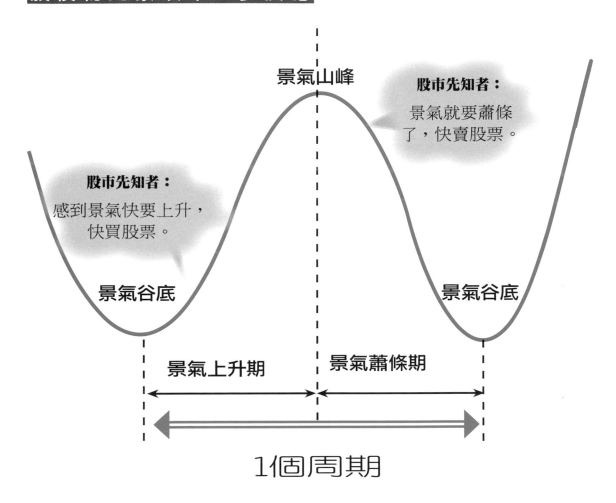

說明：

跟所有的景氣指標相比，股價行情往往比這些指標早一步反應（一般認為是六個月）。
也就是說，當整體景氣有復甦預兆時，先知型的投資人就會想「未來景氣復甦，股價即
將上升」就儘量在便宜時買進股票。

相反的，經濟出現不好的預兆時，先知型的投資人就會想「經濟會更不景氣，股價會下
跌」就在股價還高的時候賣出股票，這就是股價比景氣預測指標早一步的原因。因此，
常常是經濟指標數字很漂亮，看起來一片榮景時，股價已開始走下坡。所以，比其他投
資人早一步捉住景氣的動向非常重要。

第四節　日曆效應：元月漲、9、10月跌！

上一節提到判斷景氣與行情，是根據數據推論，但也有憑經驗研判行情，最具代表性的是業內常用的日曆效應。而在日曆效應的歸納中最有名的是「元月效應」。

元月效應正如它的名字一樣，指的是元月份股價上漲的可能性高。「元月效應」不僅是在國內，在以美國為代表的所有主要股票市場，一直廣為人知。

年末到初春是交易好時節

根據各種統計資料，元月股市的勝算率、上漲率等方面都有非常良好的表現。右是國內嘉實資訊統計台股從1987到2007年各月的股價漲跌百分比，元月份表現也居其他各月之冠。

元月份為什麼股票市場的表現會如此良好?

有很多種說法，較具代表性的包括「12月份因為年末投資人傾向處理(出售)股票所以容易下跌，它的反作用力使得元月份容易上漲」還有「新年伊始，新資金開始運轉」等等。

其次，5月份一般容易進入調整期，7月、8月份法人投資者很多人都休暑假，因此交易清淡行情能量一般會變小。在台灣更有「五窮六絕七上吊」的說法，從右方的統計圖上來看，除了7月還不錯外，5、6月普遍都是散淡的交易。

接著，9月～10月這段時間表現算是很差!不止台灣的統計數字是這樣，9月、10月股市不佳的情況可以說是全世界共同的日曆效應，特別是10月在美國甚至被稱為「魔鬼月份」。而很巧的1929年的黑色星期四和1987年的黑色星期一，兩次歷史性大暴跌都是在10月份。

什麼條件易出現「日曆效應」?

日曆效應只是影響股價的因素之一而已，除了日曆效應以外，影響股價波動的還有供需和基本面等各種重要因素。所以如果有其他影響力大的股價變動因素的話，日曆效應將會失去作用。

比如，最易上漲的元月份，如果，該年的元月份股市正受到巨大的利空消息襲擊，且令走勢崩潰，也會出現暴跌。這樣的話，日曆效應將被削弱。

反之，如果沒有重要因素，日曆效應比較容易產生。

如上所述，雖然不是百分之百準確但「從年末到春初容易上漲」的這種傾向是很值得參考的。投資人在規畫資金進場時機時，不妨參考，這個時期是交易獲利的好時期。

近20年，11、12、1、2月是最好交易的月份

統計1987/01/06~2007/08/3120年間各月份股價漲跌%(資料來源：嘉實資訊2008投資股曆)

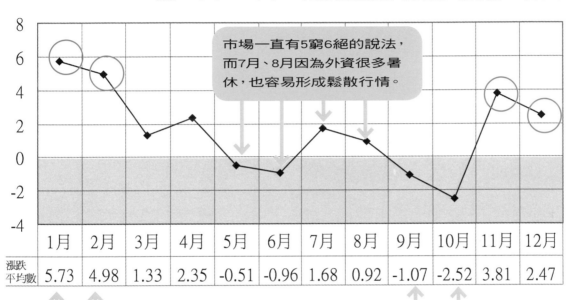

市場一直有5窮6絕的說法，而7月、8月因為外資很多暑休，也容易形成鬆散行情。

	1月	2月	3月	4月	5月	6月	7月	8月	9月	10月	11月	12月
漲跌平均數	5.73	4.98	1.33	2.35	-0.51	-0.96	1.68	0.92	-1.07	-2.52	3.81	2.47

元月由於剛進入新年，有外資注入新的資金；2月是農曆年，國內的投資人注入新的資金。

9、10月是經常出現暴跌的月份。是一年中最需要小心的時候。抓住那個機會，在10月下跌的時候買進反而容易獲利。

從近20年的數字看，在10月底布局，1元月到隔年的2月這四個月是最好操作的時機！

黑色星期四

指的是在1929年10月24日（星期四）美國股票市場的歷史性大暴跌。由於這次暴跌美國的平均股價下跌到頂峰時期的十分之一。

黑色星期一

指的是在1987年10月19日（星期一）美國股票市場的歷史性大暴跌。美國股票市場的平均股價僅這一天就下跌了20%，包括這天在內的一週之內下跌了40%。

第五節　新聞是股價的逆向指標?

有經驗的投資人應該都遇過一種情況:明明是好消息不斷出現,股價卻一路跌;明明是壞消息,股價卻一直漲……。更絕的是,一個很夯的產業一開始自己不留意,後來該族群漲個不停,等到自己研究完畢,正信心滿滿的要進場時,買進點剛好是最高點!!

看新聞投資股票有很多實戰的經驗談,入門者先掌握住以下兩條規則――

第一條規則:股價總比新聞早反應

股價總比新聞提早反應。尤其是受注目度高的個股尤其明顯。

若一定要有個理由的話,可以解釋成有實力的投資人他們是一邊研究行情一邊買賣股票的。所以,股價的反應波動會比被披露的消息來得早反應。若是利多的消息並沒有能量反應太長的時間,當一般投資人得知好消息而進場買進時,剛好遇到早一步進場的投資人已經獲利出場的時機,所以,才會出現明明才剛發布業績好消息,股價就應聲慘跌的情況。

又為什麼這條原則更適用於受注目度高的企業呢?

會在報章媒體發表股票見解的分析師們,大都會對關注度高的股票進行調查、分析,然後發表研究報告。雖然分析家們都是充分調查了公司動向、預測將來的情況後才做的判斷,但是他們的報告並不一定在第一時間就會被媒體披露,但卻會對有興趣的特定個人或大型法人有所影響。所以,一方面來說,受關注度高的股票經常在投資人都尚未有警覺之前就先反應行情;二方面來說,基本面、消息面常常會成為股價的反向指標。

所以,又可以歸納出:當基本面持續被認為很好,但股價卻開始下跌時,這很有可能是走勢開始走下坡的標誌。

反過來,當基本面傳出利空消息,但股價卻開始上漲時,這很有可能是走勢開始走上坡的標誌。

因此,從這一條規則又可以推演出一個結論:跌勢中,當股價不受壞消息影響時就是進場好時機;漲勢中,當股價不受好消息激勵時就是賣出的時機。

第二條規則:高話題性=高風險

長期投資要避開新聞很熱的話題股。

話題股對於長期投資者而言,意味著股價正處於高價圈,這時候買進通常已經來不及了。因此,避開它!除非你是短線交易者。

這種別買進的話題股很好辨識,當媒體吹捧這家公司――

「推出新品,銷售額大幅增長!」

「營收創新高。」

「大訂單湧入」……

用一般人眼光看起來一付光明美好的公司，就屬高話題公司，長期投資者最好能避開這段新聞與股價的熱潮。這樣說並非這家公司不好，而是景氣好、業績上漲的企業當這些消息已經被披露在媒體上時，股價應該已經進入了高價圈。緊接在上漲的股價之後的，常是大力回檔。

報章媒體上披露的事一定不是什麼新鮮事，這句話雖然說得有點極端，但應用在股票市場上經常如此。股票市場中有太多的投資者比你早知道資訊，早就買進了這個股票。一般投資人等到利多出現在媒體後再買進，可以說已經來不及了。

當然，業績大幅上漲的企業很有可能繼續提升業績，股價進一步上漲。但是不僅價格上漲幅度有限，而且無法獲知在哪裡會開始下跌。沒人能夠百分之百預測某股票一周後，一個月後上漲還是下跌。但是，投資人應該避開可能下跌的股票。

要想不斷的在股票投資中成功，「追求可能性」很重要。故意去買進高價圈內的話題股（高風險股）不能算作明智之舉。國內的股票包含上市上櫃有上千檔，不去買話題股，還有很多值得買進的股票讓我們挑選。不過，要抵抗這種誘惑是需要自我訓練的，畢竟一般人還是比較喜歡從眾。

股價不受壞消息的影響的話就是機會！

情況一

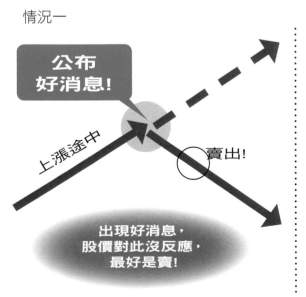

情況二

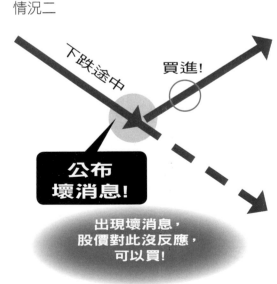

自營商

證券公司用自己的資金進行買賣叫「自營」，從事自營的證券商叫自營商。

話題股下跌風險高的兩個範例

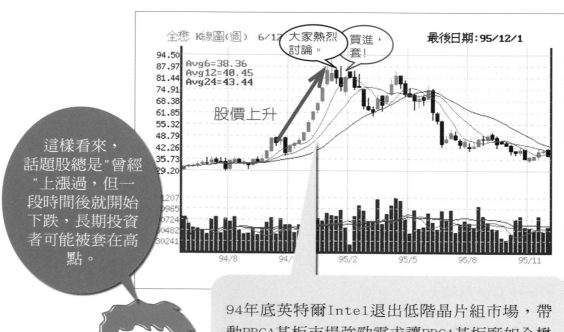

這樣看來，話題股總是"曾經"上漲過，但一段時間後就開始下跌，長期投資者可能被套在高點。

94年底英特爾Intel退出低階晶片組市場，帶動PBGA基板市場強勁需求讓PBGA基板廠如全懋（2446）迭創上市以來最高價，但進場太慢的投資人可能套在高點。

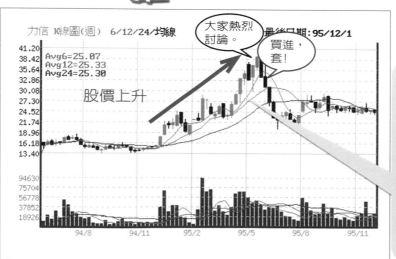

小型股股價敏感

因為流通量少，所以小型股只要稍微大一點的買進(賣出)就讓價格波動大。但大型股票以歷史悠久的企業居多，多年下來積存股票多。即使有大利多或大利空的消息，價格也不易有大的波動。

94年底全球LCD TV出貨量爆增，INVERTER（電源轉換趨動器）大幅成長，相關廠商股價炙手可熱。但成為話題的時刻，股價就已經很高了。

第六節　長線、短線分清楚以免追漲殺跌

投資股票的基本是「低價時買進，上漲後賣出！」用一句話來概括確實很簡單。但實際上，大部份的散戶都是看到新聞報出好訊息時買進(行情好)，看到新聞報出壞訊息時賣出(行情不好)。

追漲殺跌的散戶宿命(李大華範例)

本文舉典型的散戶李大華為範例。

李大華在10年前投資股市，一開始就跟其他新手的投資手法一樣，每天買進的是前一天上漲率排行榜的前幾名，當時他並沒有清楚的交易邏輯與自己的風格，也不區分什麼長期投資、短期投資「反正，看到新聞講那一檔個股好、那一個產業有未來，且股價也真的上漲了，就跳進去買」李大華說。

結果呢?那種屢敗屢戰的感覺很像在賭博，但是「我無法從舊有的模式中走出來。十次中確實會有1、2次漲停，甚至連莊大賺一筆。我無法忘卻當時的興奮和快感，所以5年來都沒有停止買進。如此自以為很聰明的"投資"了幾年，不但沒有賺錢，資金反而減半。」

由於一直虧損，李大華已經自信全無，很想突破自己的交易風格。有一天，一位投顧老師推薦了一檔並不怎麼有名的個股，投顧老師的理由是根據財報的營收成長、毛利高於同業、產業前景好他建議22元買進上看50元!

李大華回憶:「當時，我從沒持有一檔投票超過半年，也沒有買過股價成長一倍獲利了結，但那一次，我想忍耐試一試

長 線 投 資 人 要 操 練 忍 功

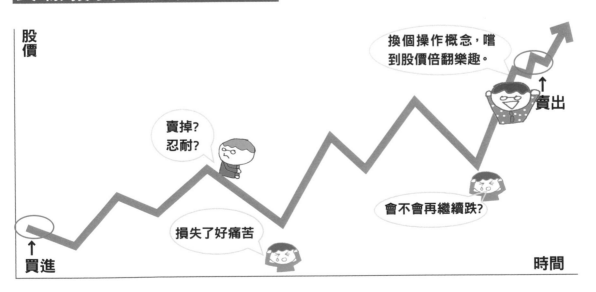

下跌時該反問

並不是所有買進的股票下跌時都要忍，最重要的是要確認股價下跌是暫時性的問題?還是致命的缺陷?若是屬於後者，當然要溜之大吉。

是否真會出現股價倍翻的情況。於是，我像往常一樣出擊買進了。之後，股價好幾次漲至山峰又跌至谷底，最後果真在50元賣出。在這一年的時間裏，我一直默默忍耐，這個過程真是難熬!」

慣於毫無章法隨性買賣，看到股價達到高價後調整（處於上漲基調的行情，小幅回落），李大華一直擔心股價會下跌到什麼程度;等到出現新高價時，又擔心會不會一下子獲利變虧損。投顧老師說的50元目標對李大華而言等待太漫長、太痛苦「但這對於鍛煉意志是不錯的訓練。」

投資股票很容易陷入想要早日賺錢的陷阱!李大華之前急於求成，買進賣出都無法忍耐等待，所以一直陷在錯誤的投資邏輯中。除非你進行的是極短線的交易，否則一旦隨著新聞起舞，難保成為有心人士「倒貨」的「最後一棒」。

但是，如果沒有積累相當的經驗，實施起來並非易事。因為人對金錢的欲望將使一切為之混亂。

賺股票的錢就是「低買，高賣」但是，投資者難以做到這一點。舉例來說，曾經當上台股「股王」的茂迪(6244)與伍豐(8076)股價都在100元左右開始啟動，茂迪的太陽能題材與伍豐的博奕題材都讓市場瘋狂的追逐過，行情短期內就飆漲了數倍，看到這種猛爆性上漲，普通的投資者會衝動的決定買進這種人氣股。

勇敢的挑戰暴漲股，投資人愈來愈喪失警覺，時時擺盪在過度樂觀與過度悲觀之中。沒有規畫只是追逐飆漲股的投資人，往往讓資金不斷減少——

要想買股票獲利，必須早日從這種隨意買進中解脫出來。只有切斷這個惡性循環，操作股票才會有趣。

網路交易的普及，個人投資者的買賣日益頻繁。但是，買賣股票原本就不能在如此短時間內賺錢。如果沒有閒暇每天盯著電腦畫面，卻笨拙的混在當沖交易群裏面進行買賣。那麼，撲向高價的次數越多，損失的速度會越快。

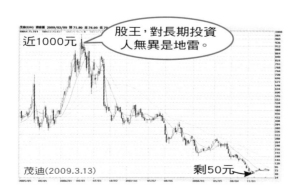

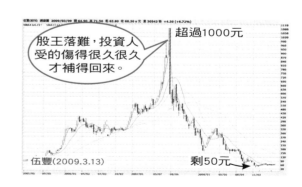

第七節　暴跌是長線者機會但也有例外！

投資方法有順勢和逆勢。所謂順勢，是指股價上漲過程中買進，開始下跌後賣出。逆勢是指股價跌到底時買進，上漲後賣出。對長線投資人而言，最好採逆勢，也就是買進價格十分重要。要貫徹在大幅度下跌時買進的逆勢投資才容易獲利。而行情即使「一時突然下跌」也不能篤定行情一定不會再下跌，要分幾次進行逆勢交易。最少要將自己的資金分成三等份，第一次下跌時先買進少量，如果繼續下跌，就再次買進。股票投資過程中，誰也無法確定「一時突然下跌」什麼時候會出現，若沒有等到滿意的行情，就不能出手，這是長線交易的最重要原則。

因為只有出現巨大的恐慌時，投資人才會犯蠢的錯誤。當看到恐怖事件發生時，眼看著自己的投資市值不斷減少，就像受到拷問一樣的痛。難以忍受的時候，會想「怎麼樣都行，只要能停損」於是不惜價格的拋售出去。忍功了得的人在這種時候買進，短期內通常會賺到錢。例如911恐怖襲擊後，股價立刻恢復。

股價暴跌就是機會，但也有例外！

1987.10.19道瓊暴跌508點，但暴風雨過後，行情仍走自己的路，像什麼也沒有發生一樣。

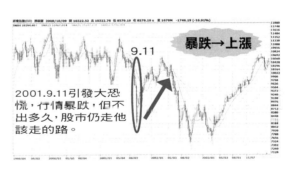

2001.9.11引發大恐慌，行情暴跌，但不出多久，股市仍走他該走的路。

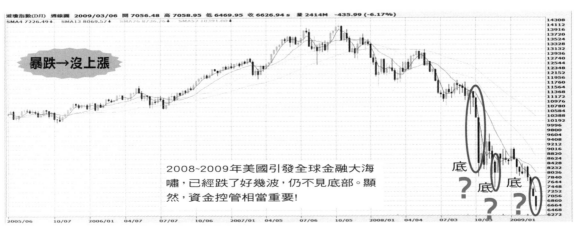

2008~2009年美國引發全球金融大海嘯，已經跌了好幾波，仍不見底部。顯然，資金控管相當重要！

資金控管

股價暴跌，往往是機會，但要控制資金，不能一口氣全下，因為，誰也無法確知暴跌就是底部，也許，它只是另一波大蕭條的開始而已！

▶▶▶ **3** ▶▶▶ 徹底解構投資指標(上)

第一節　透過財報確定績效

訪 問過一位被朋友圈私下叫她「股神」的老太太，她談起買股的秘訣第一個答案就是：「財報！」老太太在股市交易超過40年了，她說，現在人買股票不怎麼重視財報，而一直追求艱澀的交易理論與方法，她直言「那是本末倒置的作法，自己選的股票，每個季能賺多少錢?每個月的營業收入有多少錢?大致上毛利是多少?公司財務基礎向來走穩健路線?還是高槓桿路線?這些基本的數據投資人應該要非常熟悉才對!」

看懂財報，做對投資

在股市裡"玩"了40年，別人每天在號裡子看價、看量，但老太太很特別，他專門盯公司的財務報表，有時還會主動打電話到企業的會計室、公關室自己問她想得到資料。她說，這麼多年來，她已經練就一番自創的估價功夫，只要當月自結營收一公布，她就能憑這個自結數據推估這張股票現在多少錢能買。她的方法跟傳統上的PER、PBR等評估指標不同，但原則差不多，都是從營運績效來判斷股價，不過，老太太也指出，每一種產業、每一家企業都和當時的社會氛圍都不同，她的經驗是不能單一原則一體適用。

「就拿台塑的股票來說，王永慶去世後跟王永慶還在的時候，應該考慮的因素就完全不同，和看財報的角度我自己也有一套不同的評價方法。」老太太說:「你不要看同一個產業很像的兩家公司，老闆風格不同，股票買的方法也不一樣!」

不管這些微妙的不同，整體來講，投資人是不能完全不懂財報就開始交易股票的。營運績效是選股的重要考量，而業績與成長性的判斷更不能憑感覺，要由財務報表的數字來判斷。

另外，也不只財報表面上的數字要關注，隱藏在數字背後實際營運才是最重要。

比如，A企業這一季賺3元，在所屬產業中，這家企業也有很強的競爭力，那麼，這家企業在公布業績之後可以繼續保持成長速度的可能性就比較高;相對的，如果同產業的B企業同時也賺3元，但在競爭力上並不如其他同產業的企業，投資人就要判斷，B企業有可能只是拜產業景氣好轉之賜而出現暫時的業績成長，事實上，當大環境不理想時，未來可能不會再保有這麼好看的財報數字。

原則上雖然這樣說，可是要判斷一家企業是否有產業競爭力，並不是一件容易的事。不過，原則上是絕對不投資自己看不懂的企業，若是一家公司是如何賺錢的獲利模式自己都看不懂，這種企業就不投資也罷!

企業績效觀察要點

要點	說明	資訊來源

(1) 公司做什麼的?

不管公司從事的是哪個行業,都要瞭解該行業的現狀和發展前景,還有該企業在產業的地位,以及消費者眼裏的吸引人之處。

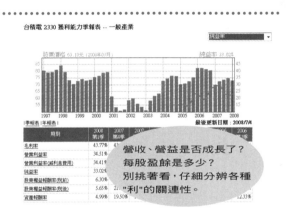

台積電 2330 公司基本資料　　最後更新日期:2008/7/16

觀察企業要瞭解企業是如何獲利的,它的產品是什麼?

(2) 業績是否良好?

業績影響股價甚鉅,趨勢的變化要比數字的大小來得重要。也就是成長與否是觀察重點。

台積電 2330 獲利能力季報表 -- 一般產業

營收、營益是否成長了?
每股盈餘是多少?
別挑著看,仔細分辨各種 "利" 的關連性。

(3) 財務穩不穩?

有沒有過多的借款?
經營者有沒有善用股東的資本獲取利潤。

台積電 2330 償債能力季報表 -- 一般產業

這些財務指標,要找時間把它讀透了,學會了就是自己的資產。

(圖表資料來源:YAM天空股市http://www.yam.com/)

第二節　簡單四步，搞懂那些「利」

對新手而言，看到一長串損益表上的會計科目，可能會覺得很煩，只要掌握住四個大步驟就很簡單了——

Step1：營業收入減成本是營業毛利；

Step2：營業毛利減去費用，是營業利益，也就是公司經常性的、本業的收益；

Step3：營業利益再加(減)營業外的活動，就是本期淨利。

Step4：每股盈餘其計算基礎就是淨利再除發行的股數。

例如，小花企業營業收入100元，扣掉進貨成本70元，30元就是營業毛利。營業毛利再扣掉人事開銷與房租12元費用，剩下的就是營業利益18元。

上市公司絕對不像小花企業這麼單純的帳，當企業有多出來的現金，經營者可以把這些現金拿來投資股票或為了將來展店買地產，最少限度這些現金放在銀行也會生利息吧！上述的這些雜七雜八的業外活動有可能會賺也有可能賠，它們與本業並沒有直接關係，在損益表上就會列在「營業外收入及利益」與「營業外費用及損失」。

業績觀察要點

從觀察業績走勢這個意義上來講，儘量看「營業毛利」或「營業利益」！也就是說，這兩個數字如果持續成長，就可以說是「好業績」。另外，也要考慮這樣的好業績未來會不會持續下去。此外，則要由股東權益率判斷企業「有沒有過度貸款？財務體質健全嗎？」如果企業舉債過高，安全度就低了。

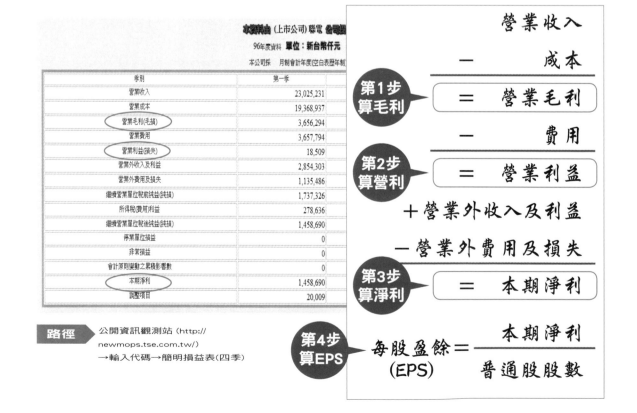

本資料由 (上市公司) 聯電 公司提
96年度資料 **單位：新台幣仟元**
本公司採　月制會計年度(空白表歷年制

季別	第一季
營業收入	23,025,231
營業成本	19,368,937
營業毛利(毛損)	3,656,294
營業費用	3,657,794
營業利益(損失)	18,509
營業外收入及利益	2,854,303
營業外費用及損失	1,135,486
繼續營業單位稅前純益(純損)	1,737,326
所得稅(費用)利益	278,636
繼續營業單位稅後純益(純損)	1,458,690
停業單位損益	0
非常損益	0
會計原則變動之累積影響數	0
本期淨利	1,458,690
調整項目	20,009

路徑　公開資訊觀測站 (http://newmops.tse.com.tw/)
→輸入代碼→簡明損益表(四季)

營業收入
－　成本
━━━━━━
第1步 算毛利 ＝ 營業毛利
－　費用
━━━━━━
第2步 算營利 ＝ 營業利益
＋營業外收入及利益
－營業外費用及損失
━━━━━━
第3步 算淨利 ＝ 本期淨利

$$第4步\ 算EPS\quad 每股盈餘(EPS) = \frac{本期淨利}{普通股股數}$$

第三節　簡單四步，搞懂那些「率」

年度營業收入為100億獲利為10億的A公司與營業收入為200億獲利為10億的B公司。假設兩者為同行業內的競爭對手。要判定他們的收益性，A公司顯然勝出。理由是A公司用少於B公司的營業收入產生出同樣的利益。比較獲利佔收入比例的方式，在投資中經常用到，這樣的比較方式最具有代表性的財務指標是：毛利率、營業利益率、淨利(盈餘)率、營業收入成長率。

先用白話文解釋那些「率」……

1.毛利率：銷貨收入扣掉為了賣出產品而付出的成本後就是毛利，將毛利除以銷貨收入就是毛利率。

毛利率常用在和同業比較上，如果贏過同業，表示這家企業很有競爭本事，它可以用比較低的成本做出同樣的產品，或者，在技術上比同業還厲害，所以客戶才願意用比較高的價格向他購買。

如果企業的毛利率自己跟自己比有成長的話，可能是本身推出比過去更優秀的技術或服務。

2.營業利益率：銷貨收入扣掉成本再扣掉費用是營業利益，再把營業利益除以銷貨收入就是營業利益率(營益率)。

記住營益率是代表「本業」的指標就對了，因為它是企業主要經濟活動所創造出來的利潤跟收入的比值。

3.淨利率：本業的再加業外的全部算起來的結算結果就是淨利，淨利除以銷貨收入就是淨利率。

記住淨利是「最後」的利潤。也就是總結所有營運活動結果最後的那個數字，說極端一點，包含萬一那一期發生了火災的損失，與取得火災損失的理賠都結算在這個「淨利」裡頭。

4.營業收入成長率：前面三個指標都是回頭過來和「銷貨收入」比，只有這個營業收入成長率是跟自己過去歷史值比。

在媒體上常用YoY、QoQ、 MoM表示，年營收成長率YoY是指今年全年度或截至某一時點為止其營收金額與去年同一期間營收金額的成長(衰退)百分比率。假設我們要計算97年度的YoY它的公式是=(97年度總營收－96年度總營收)÷96年度總營收×100％。

QoQ(季營收成長率)、MoM(月營收成長率)的計算方式相同。

這個指標目的在評斷企業的盈餘屬於成長或衰退的階段，如果連續幾年(幾季、幾月)營收成長率呈現上漲，表示公司正在成長的階段，如果成長率停滯，甚至出現負成長，可能公司發展正在走下坡。另外，成長率穩定與否也很重要，如果企業成長率忽上忽下的變化，顯然企業

營運情形不夠穩定，若是某一年(季、月)突然成長很快，之後又後繼無力，可能是企業急速擴充。所以營收成長率的觀察最好是長一點。

最新企業月營收 (使用公開資訊觀測享查詢範例)

要查企業的最新最完整的月營收資料，這裡既快又準。

證交所這樣規定：

月報的發佈必需在次月的10日之前，只需要提供營收不需要提供獲利。雖然有些公司公布得早有些公布得晚。但一定要在這時間之前公布，不然會受罰。

路徑

公開資訊觀測站(http://newmops.tse.com.tw/)→常用報表→每月營業收入統計彙總表→選擇市場與月份。

上市企業：

公司97年3月份(累計與當月)營業收入統計表

本資料由各公司提供

出表日期：97/04/20
產業別：水泥工業

單位：千元

公司代號	公司名稱	營業收入					累計營業收入		
		當月營收	上月營收	去年當月營收	上月比較增減(%)	去年同月增減(%)	當月累計營收	去年累計營收	前期比較增減(%)
1101	台泥	2,156,356	1,548,221	2,256,515	39.27	-4.43	5,959,385	6,425,427	-7.25
1102	亞泥	926,033	735,887	937,226	25.83	-1.19	2,638,563	2,767,482	-4.65
1103	嘉泥	235,928	155,128	264,693	52.08	-10.86	635,080	814,586	-22.03
1104	環球水泥	271,632	173,086	269,827	56.93	0.66	703,015	751,343	-6.43
1108	幸福水泥	295,005	192,885	280,010	52.94	5.35	807,109	802,557	0.56
1109	信大水泥	168,911	106,452	176,549	58.67	-4.32	456,280	476,836	-4.31
1110	東泥	168,915	117,245	160,998	44.07	4.91	455,434	525,817	-13.38
	合計	4,222,780	3,028,904	4,345,818	39.41	-2.83	11,654,866	12,564,048	-7.23

上櫃企業：

公司97年3月份(累計與當月)營業收入統計表

本資料由各公司提供

出表日期：97/04/20
產業別：食品工業

單位：千元

公司代號	公司名稱	營業收入					累計營業收入		
		當月營收	上月營收	去年當月營收	上月比較增減(%)	去年同月增減(%)	當月累計營收	去年累計營收	前期比較增減(%)
4205	恆義公司	75,597	78,010	69,578	-3.09	8.65	256,550	227,174	12.93
4207	環泰企業	81,934	63,891	76,773	28.24	6.72	248,338	256,911	-3.33
	合計	157,531	141,901	146,351	11.01	7.63	504,888	484,085	4.29

第四節　投資人天性：追逐持續成長企業

前文談到那麼多個利與率，其數值代表意義儘管不同，但相同的是，收益成長性越好就越受投資人喜愛。

如果你想查詢什麼類股現在最夯，可以從營益率的變化下手，投資人可以利用商業網站先蒐尋出營益率成長最快的族群，再找出族群裡的強勢個股，或者，程序倒過來，先從個別的企業營益率成長性高的找到目標個股後，再回頭查看相同族群的表現，都是可行的方法。

此外，也不一定要從「營益率」的成長為標準，按照不同產業的特性，也可以從毛利率或盈餘查詢。

總之，行業間投資報酬率有很大差別，能維持高投資報酬率的企業，是附加價值比較高並且擁有較強競爭力的企業。

持續＋穩健的獲利＝競爭力

投資的困難點在於，不是只要買進有成長的企業股票就一定會成功，因為成長性好的企業股價通常也很高。如果企業能一直保持著高成長，那麼，企業的股價很少會大跌的，但如果高成長企業出現減速或賠錢，情況通常不妙，所以，投資人要小心自己的進貨成本(買入的價位)。

高成長企業突然停止成長的情況在新興市場上很常見，因此想要取得更大的利潤，比起現在投資高成長的企業，還不如選擇現在不怎麼樣，但未來有希望成長的企業。

為什麼呢？

不管景氣如何，高獲利的產業一段時間後，總會湧入新參與者，本來一塊大餅，隨著競爭者進入市場殺價的結果毛利率愈來愈低的情況幾乎無時無刻在上演。因此，如果從業績表上看到MoM不斷的上升，就得觀察企業到底獲利了沒有？以近年的液晶電視為例，雖然液晶電視需求一直增加，可是價格卻一直下跌，如此，企業的營業收入也許會一直創新高，但不能說企業就一定相對的賺到大錢了。

在經濟全球化的激烈進程中，海外企業也成了不好對付的競爭對手。要想在競爭中取得高投資報酬率，就必須擁有國內國外其他企業不能模仿的產品和服務，築高競爭門檻才能防止對手輕易的以低價切入市場而影響獲利。

因此，不管是對企業經營者還是對一般投資人，營收成長固然重要，但獲利的品質也很重要，從另一個角度來說，盈餘，就是代表著企業的品質與競爭力最後的結果。

盈餘的品質

盈餘的品質可由五項指標評估：1.盈餘的持續性愈高，品質愈好；2.盈餘的可預測性愈高，品質愈好；3.盈餘的變異性愈低，品質愈好；4.盈餘的轉換現金可能性愈高，品質愈好；5.盈餘的被人為操縱性愈低，品質愈好。

那一類產業成長最快的排比 （使用群益金融網查詢範例）

路徑 群益金融網（http://www.capital.com.tw/）→大盤產業→產業龍虎榜

那一家企業成長最快的排比 （使用大華超級財經網查詢範例）

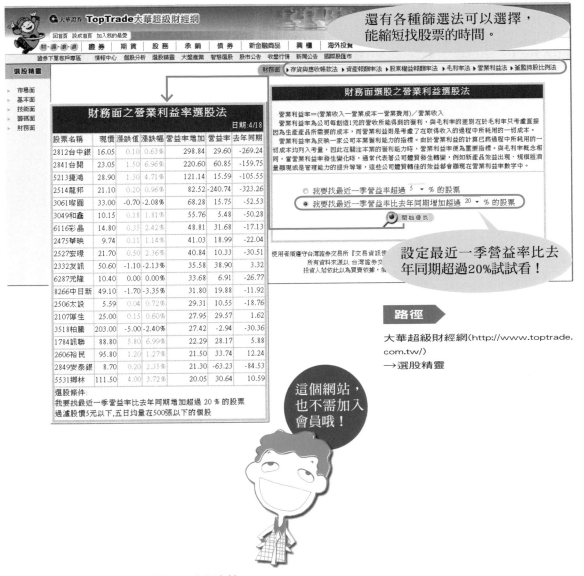

還有各種篩選法可以選擇，
能縮短找股票的時間。

財務面之營業利益率選股法

日期:4/18

股票名稱	現價	漲跌值	漲跌幅	營益率增加	營益率	去年同期
2812台中銀	16.05	0.10	0.63%	298.84	29.60	-269.24
2841台開	23.05	1.50	6.96%	220.60	60.85	-159.75
5213捷鴻	28.90	1.30	4.71%	121.14	15.59	-105.55
2514龍邦	21.10	0.20	0.96%	82.52	-240.74	-323.26
3061璨圓	33.00	-0.70	-2.08%	68.28	15.75	-52.53
3049和鑫	10.15	0.18	1.81%	55.76	5.48	-50.28
6116彩晶	14.80	0.35	2.42%	48.81	31.68	-17.13
2475華映	9.74	0.11	1.14%	41.03	18.99	-22.04
2527宏璟	21.70	0.50	2.36%	40.84	10.33	-30.51
2332友訊	50.60	-1.10	-2.13%	35.58	38.90	3.32
6287元隆	10.40	0.00	0.00%	33.68	6.91	-26.77
8266中日新	49.10	-1.70	-3.35%	31.80	19.88	-11.92
2506太設	5.59	0.04	0.72%	29.31	10.55	-18.76
2107厚生	25.00	0.15	0.60%	27.95	29.57	1.62
3518柏騰	203.00	-5.00	-2.40%	27.42	-2.94	-30.36
1784訊聯	88.80	5.80	6.99%	22.29	28.17	5.88
2606裕民	95.80	1.20	1.27%	21.50	33.74	12.24
2849安泰銀	8.70	0.20	2.35%	21.30	-63.23	-84.53
5531鄉林	111.50	4.00	3.72%	20.05	30.64	10.59

選股條件:
我要找最近一季營益率比去年同期增加超過 20 % 的股票
過濾股價5元以下,五日均量在500張以下的個股

財務面選股之營業利益選股法

營業利益率＝(營業收入－營業成本－營業費用)／營業收入
　　營業利益率為公司每創造1元的營收所能得到的獲利,與毛利率的差別在於毛利率只考慮直接因為生產產品所需要的成本,而營業利益則是考慮了在取得收入的過程中所耗用的一切成本。
　　營業利益率為反映一家公司本業獲利能力的指標。由於營業利益的計算已將過程中所耗用的一切成本均列入考量,因此在關注本業的獲利能力時,營業利益率便為重要指標。與毛利率概念相同,當營業利益率發生變化時,通常代表著公司體質發生轉變,例如新產品效益出現、規模經濟量顯現或是管理能力的提升等等,這些公司體質轉佳的效益都會顯現在營業利益率數字中。

○ 我要找最近一季營益率超過 5 ▼ % 的股票
● 我要找最近一季營益率比去年同期增加超過 20 ▼ % 的股票

開始尋找

使用者須遵守台灣證券交易所『交易資訊使用
所有資料來源以 台灣證券交
投資人若依此以為買賣依據,

設定最近一季營益率比去
年同期超過20%試試看！

路徑

大華超級財經網(http://www.toptrade.
com.tw/)
→選股精靈

這個網站,
也不需加入
會員哦！

業內賺的、業外賺的，要分清楚！

假設有一家公司,它的損益表上每股盈餘8元,如果以平均市場的水準來評估它的合理股價,就捉15倍的本益比好了,那麼,這家公司的股價應該有120元(15倍x8元)。可是,回頭看它這8元是怎麼賺來的呢?如果業內只賺5元,業外賺3元,那麼,估120元就太多了,合理一點的股價應該是75元(15倍x5元)。

也許你認為,如果企業善於「業外經營」也應該是公司的強項,可以同時當成本益比估算在內。這種說法並不完全不對,例如,國內有很多企業長期投資海外(如大陸),投資收入屬於營業外收入,即使這個部份所佔每股盈餘比例很高,一起做為股價本益比的評估就屬於合理的。但是,也有些企業在不景氣時利用出售土地或認列長期投資的業外收益那就要特別注意了,除非這家企業未來有賣不完的土地或是長期投資的收益會持續的發生,否則在評估股價時最好把它去掉較為合理。

第五節　預估盈餘的三種方法

盈餘是計算「股價多少錢合理?」的關鍵數字,如果說研究基本面的投資人最在意的數字就是「盈餘」,應該不算太過份。

一般投資人會採下列三種方式當成每股盈餘的計算標準:

第一種,直接從網站上找出去年的盈餘。以台灣證券交易所的計算方式為例,它是以最近四季的季報為基礎,例如97年元月份時上網查看企業最新的季報是96年第三季,它是採取:96年第三季、第二季、第一季與95年第四季的每股盈餘合計。雖說這已經是最新的資料,但在變化快速的現代企業,這個數字還是落後指標。

第二種,以公司的財務預測或分析師所提供的預估盈餘。這個部份市面的報章媒體最常見了,通常媒體會指出「外資預估」或「法人預估」。

第三種,投資人自行從財報中計算出來,一般會以過去的每股盈餘的平均數推算未來的每股盈餘,但這必需建立在過去產生盈餘的條件未來還會發生,且要對損益表有一定的理解能力。

預估盈餘那裡找?（Money DJ理財網範例）

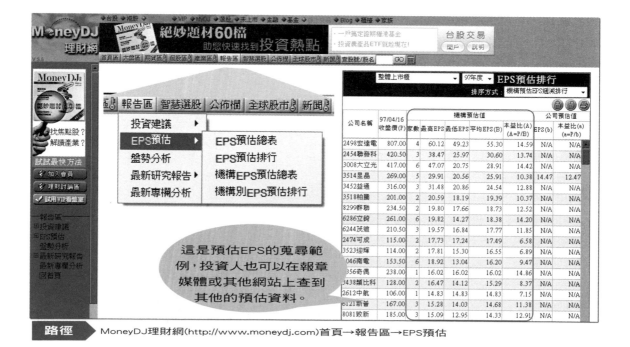

這是預估EPS的蒐尋範例,投資人也可以在報章媒體或其他網站上查到其他的預估資料。

路徑 ▶ MoneyDJ理財網(http://www.moneydj.com)首頁→報告區→EPS預估

預估盈餘的準度

凡是只要跟「預估」性質(尤其發生在股票市場)扯上關係的事情,變數都很大,因此,同一檔股票不同的分析師或媒體所給出來的預估盈餘數字都不一樣。當然,不同時間點也會因新資料的加入而調升或調降預估值。

第六節　業績外再使用PER、PBR二大武器

十世紀最成功的投資家華倫・巴菲特(Warren Buffett)靠投資積累了龐大的資產。他認為投資股票成功的最大秘訣在於「就像以50美分換1美元一樣來購買股票」。簡單來說，就是用500元買1000元的東西！

在股票投資上有沒有這樣的方法？

除了從業績來確認之外，最常用的就是本益比(PER)與股價淨值比(PBR)。不管是PER或PBR都是一種股價便宜度評估的標準，不過，要買「便宜」的股票，得先確認是值得投資的好股票。這就像一支你很信賴品牌的手錶，不要用20萬去買只值10萬元的錶，若能只花5萬元就賣到值10萬元的手錶，那就很超值了！

股票也一樣。先尋找有價值的股票，然後用非常便宜的價格買下。通常價格會遠低於內含價值，因為股市裡人氣不旺!

好股票也不趁人氣不旺時買進

買人氣旺的股票

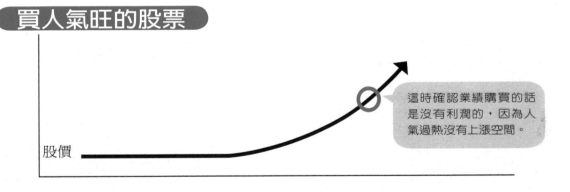

這時確認業績購買的話是沒有利潤的，因為人氣過熱沒有上漲空間。

買人氣不旺的股票

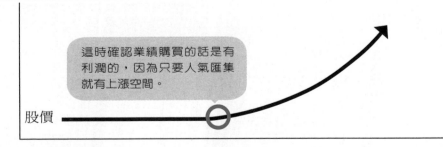

這時確認業績購買的話是有利潤的，因為只要人氣匯集就有上漲空間。

人氣VS非人氣

買股票總得在人氣尚未匯聚之前行動才能真的賺到大錢。所以，能布局到股價有實力上漲但還沒有上漲，那才是行家。比方說成交量很大的企業就是典型的人氣股票；題材正熱的新興市場股票也是人氣旺的股票。舉凡投資人關注度高，媒體、證券公司也經常報導的，大都屬於人氣股票。

至於沒人氣的好股票是誰？就等著投資人自己去發掘了。

第七節 PER ① 本益比計算式

本益比(PER)從公司效益（利潤）出發判斷股價是否便宜的工具。

也就是價格是每股利潤的幾倍。本益比中的「本」指股價，也就是由市場上買進股票的「成本」；「益」就是指每股稅後純益。如果A股票的本益比是10，表示A股票的市價就是每股稅後純益的10倍，也就是投資人必需付出這家公司每年獲利能力的10倍來購買這張股票。

舉例來說，每股利潤為每年10元的公司，現在的股價是100元，那麼本益比就是10倍（100元÷10元）。同樣，如果每股利潤為每年10元的公司，現在的股價是200元，本益就是20倍。

用利潤10倍的價格買和20倍的價格買，當然是10倍的價格比較便宜。因此，本益的數值越小股票越便宜。一般認為PER在15左右是正常水準，不過，跟區域性和所屬產業不同。比方說，甲公司業績平平，PER是10倍左右，可以認為它是便宜的(若一般水準15倍相比的話)；乙公司事業發展迅速成長性很高，PER20倍也可判斷它是便宜的(與同業平均PER30倍)依此類推。

雖說「成長性高的產業，相對的PER也會高」，但是，如果超過100倍的高水準，就很難說它是不是便宜，或者說它是危險區域更為恰當。

便宜?昂貴?

與該股票本身的價值相比，股價過高的情況就叫做昂貴，過低的情況就叫做便宜。

僅透過「與該股票本身的價值相比」，還是很難判斷股票價格的高低，還要結合PER、成長性以及PBR等指標來判斷。例如，某企業成長性比同業好，且PER低於同業，就可以認為是便宜。

每股盈餘

這裡指一年的獲利除以流通在外發行股數，也就是常聽到的EPS(Earnings Per Share)。是計算PER時的重要數值。

$$PER = \frac{股價}{每股盈餘}$$

這樣考慮！ 1 公司不錯，PER卻只有10倍。 — 企業會賺錢獲利好，而且股價低=PER低。

這樣考慮！ 2 從公司的實力來看，應該能夠獲得投資人更好的評價。 — 過不了多久，投資人應該會發現該公司的優勢，紛紛買它的股票！股價應該會進一步上漲！

這樣考慮！ 3 好，趁現在便宜趕快買進！ — 如果有人氣，PER就會變成20倍、30倍！現在只有10倍，正是買進的機會！

便宜 ◀ **10倍** **15倍** **100倍** ▶ 昂貴

標準

如果業績和公司情況不算極差，這個水準就是便宜。

如果成長性高（利潤以2～3成的速度增長之類），也算便宜。

成長性越高，PER也越高…但太高了就有危險！

第八節 PER ② 尋找被低估的股票

「去年這張股票價格100元，這個月價格只有26元，現在很便宜…！」股市新鮮人常常一下子「轉」不過來，會用價股計量「便宜」這兩個字。

底下我們就舉一個簡單的例子具體來計算，如何利用本益比找股票。

張先生在94年7月的時候在媒體看上到某上市公司老闆的專訪，覺得這家企業的經營概念很好，所以，上網路查詢了這家公司前六個月的自結業績(見下圖)，從月營收來看，自己和自己公司比算平穩，但跟其他同業相比，業績在水準之上，而且這是一家資本額小的公司，有這種表現已經很不錯。

再數一數當時粗估的EPS，第一季賺了0.46，第二季賺了0.66，假設，這家公司能繼保持這樣的水準，當年度應該可以賺到2.3元。張先生以本益比最小15倍最大20倍計算，價格應該在34.5(2.3×15)到46(2.3×20)之間。但看看當時的股價才20上下，等於是9倍還不到，顯然是被市場低估了。之後證明，這家公司下半年比上半年業績更亮麗，張先生也因此賺錢。

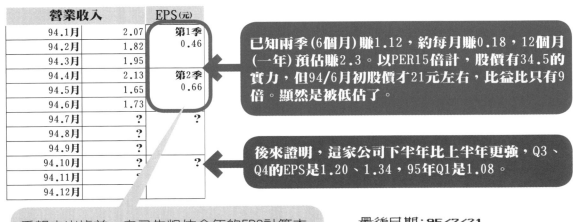

營業收入		EPS(元)	
94.1月	2.07	第1季	0.46
94.2月	1.82		
94.3月	1.95		
94.4月	2.13	第2季	0.66
94.5月	1.65		
94.6月	1.73		
94.7月	?	?	
94.8月	?		
94.9月	?		
94.10月	?	?	
94.11月	?		
94.12月			

已知兩季(6個月)賺1.12，約每月賺0.18，12個月(一年)預估賺2.3。以PER15倍計，股價有34.5的實力，但94/6月初股價才21元左右，比益比只有9倍。顯然是被低估了。

後來證明，這家公司下半年比上半年更強，Q3、Q4的EPS是1.20、1.34，95年Q1是1.08。

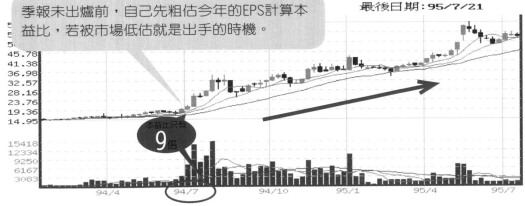

季報未出爐前，自己先粗估今年的EPS計算本益比，若被市場低估就是出手的時機。

最後日期：95/7/21

本益比只有 9倍

第九節 PER ③ 已知、預估與相對本益比

報紙和網上的資訊上看到的本益比,通常指的是「實際業績本益比」,也就是「已知本益比」。

本益比的公式是:P/EPS。

分子P(PRICE)是「價格」指的是現今的價格;分母EPS(Earnings per share)如果採用的是過去EPS算出來就是已知的本益比,採用未來測預的EPS算出來的就是預測的本益比。

總括來說本益比有三種。

已知本益比

已知本益比反應的是過去獲利狀況與現今股價的比值,比方說從證交所查詢95年6月,台積電的本益是多少,其計算方式分子是95年6月30日的收盤股價;分母是台積電最近四季公告的稅後純益(稅後EPS),也就是94年第2季到95年第1季每股稅後純益。雖然這個數字正確,但對於股價的評估,這項指標就顯得落後了,因為它是以過去的表現為基礎。

預估本益比

上市上櫃公司會針對未來一年發表營收與獲利目標(但沒有強制性),以這些預估值當基礎所計算就稱為預估本益比。

此外,外資、證券公司、媒體、投顧……也會有自己一套計算方式推算企業的獲利預期,由此推算出預測的本益比。

預估本益比 = 當日股價÷預估當期的每股獲利

預估本益比由於涵蓋尚未發生的未來變化,因此仍有相當多的不確定因素。

預測本益比就像預測現在「正在進行的賽跑結果如何!?」人們所關心的不是過去已經結束的賽跑,而是現在正舉行的賽跑的結果預測。而且,下一輪賽跑的預測也很重要。

報紙上只簡單說「該公司的本益比是×倍」。有時可能指過去實際業績本益比,並不一定有參考價值。

要運用預估本益比,必須要隨時觀察產業與公司動態,換言之就是把成長率預估值一併計算進去。

所以,外資又常參考本益比/盈餘成長率比值PEG(Price-Earnings/Growth Ratio)。

當然,因為成長率也屬於預估性質,PEG同樣有不確定因素存在(見本章第十九節)。

相對本益比

從本益比來評估股價是否便宜雖然聽起來很合理,但用常理來判斷就知道其中有許多矛盾之處,比方說投資小吃店跟大飯店風險與報酬率是不一樣的,計算小吃店可能1年(本益比=1)就回收,但大飯店可

能算出來得20年(本益比=20)才回收。

但若把同一樣一條街的很多家小吃店一起比較；把同一區域的大飯店一起比較，所得的本益比就有意義多了。

這也就是相對本益比的概念。

在得知個股、行業別以及市場的本益比之後，即可求得相對本益比。相對本益比可以很多種比較方式，例如：

● **相對本益比＝**

　　 個別股票的本益比/ 行業別本益比

● **相對本益＝**

　　 行業別本益比 / 市場的本益比

由相對本益比可了解個別股票在所屬行業或整個市場中的相對高低。

例如甲公司的本益比為15，其行業別本益比為10，則其行業中的相對本益比為1.5，表示其本益比高出其行業別本益比百分之五十。

本益比幾種不同的計算方式

已知 本益比

**過去
獲利狀況**

與目前股價的比值

預估本益比

**未來
獲利目標**

與目前股價的比值

相對 本益比

**相對於
同行或市場**

與目前股價的比值

第十節 PER ④ 成長快速的公司本益比高

本益比太高就表示「太貴」,可是市場上很多股票本益比高到20倍、30倍甚至50倍卻有人搶購,為什麼?

本益比是投資期望晴雨表

前文提及,一般所說的本益比,都是指已知本益比!

股價是反映投資人對企業未來的營運看好或看淡,因此對未來成長想像空間愈大的股票,市場所給予的本益比就愈高。

比如,今年每股利潤是10元的公司,今後3年大家認為它會持續成長20%。每股利潤變化是明年12元,2年後14.4元,3年後17.2元。

3年後,每股利潤從10元只增長到12元的公司與由10元和增長到17.2元的公司相比,投資人在投資心態上將會認為,他們可以花比較多的錢去買可能利潤到17.2元的公司,由於市場上迅速增長型的股票很受投資者歡迎,買氣旺股價上漲,本益也變高。

所以,如果看到一家公司它的目前本益比已經超過20倍就由此判斷「比標準值高,不買這家的股票」,並不一定正確。投資者期待(也預想)未來該公司迅速成長,所以心中的股票價格是按增長後那一刻的利潤判斷的,這個道理很容易理解,雖然投資人理性上會說「本益比還是不要太高好」,可是當你發現這家公司未來業績會持續快速成長時就覺得有必要把本益比提高。

別的投資者也認為,成長快的公司即使目前價格貴還是可以買,所以目前的市價就被愈疊愈高了。本益比標準值是15倍,有的投資者心理標準可能是20倍、30倍、40倍不等。

何謂快速成長型公司?沒有明確的定義。一般預期「3年持續20%成長率」就算是高成長型公司。

錢,是業內還是業外賺來的?

再回頭看一次本益比的公式:分子是股價,分母是每股盈餘。

所謂的每股盈餘(EPS)為公司獲利能力的最後結果。大分獲利的來源可分為業內與業外,比方說一家食品工廠主業是食品銷售,但今年它賣掉了一塊土地獲了一大筆錢,如果今年的EPS一共賺了5塊錢,其中主業食品的部份賺了2塊錢,賣土地賺了3塊錢,如果你是「當股東,分紅利」的心態,就可以以EPS有5塊錢來計算,因為投資人分享得到公司今年所有的獲利。但土地賣掉了就是別人的,這種業外收益並非長期穩定的獲利,在實際的投資行為上估算本益比時,應該把非恆常性的業外部份扣除比較合理。所以,最好的方式還是攤開企業的財報仔細的看看,如果這家公司今年很賺錢,它是本業貢獻的多呢?還是業外佔一大塊呢?

試想,假設這家食品公司現在股價是50元,計算EPS用5塊錢計,本益比就是10倍,看起來股價好便宜,但如果扣除業外的3塊錢,本益比是25,顯然就太貴了。

本業獲利所代表的意義表示公司具有某種較佳的能力,無論是產品行銷、技術能力、管理能力等等,使得公司可以用較少的資源創造出較高的獲利。但業外獲利就不一定了。

利潤快速成長型的公司本益比變高

很令人期待
哦……

> **股價200元,目前本益比20倍**

今年公司賺10元,假設每年盈餘成長20
%,明年就是賺12元,後年賺14.4元。
如果我以後年預期的的獲利能力當成本
益比的標準EPS就設定為14.4。

· **設定本益比15倍(一般水準)的思考……**

每股利潤	×	本益比	=	股價
14.4元	×	15倍	=	216元

· **設定本益比20倍(對於成長型公司期待)的思考……**

14.4元 × 20倍 = 288元

· **像這樣,如果把未來成長性也考慮進去股價好像300元以內都算合理不是嗎?**

目前200元
算是便宜
了。

> 投資人對於高成長的公司,本益
> 比就會設定高一點,所以,有些
> 股票即使很貴還是有人買。

第十一節 PER ⑤ 反應投資人對成長的期待

只從低本益比的判斷方式是不正確的。股價最主要還是由所有投資者的思想決定。有些人明知道A公司的本益比超過了30倍還大力買進；也有人明知道B公司本益比在5倍左右還大舉賣出，這是股票市場的實際情況――「高本益比的企業股價上漲，低本益比的企業股價下跌」這種情況一點也不稀奇。

行業別不同，本益比平均值差很多

本益比判別的具體方法，首先要注意各個行業之間的不同。本益比有行業別特性，有所謂本益比高的行業也有本益比低的行業。以國內2009年2月為例子，本益比平均值最高的行業是「觀光事業」類，平均是40倍。本益比低的行業代表是鋼鐵工業類（5倍），建材營造類（5倍）。用個簡單的比較概念，一檔股票本益比若為20倍，如果它屬於觀光事業類就可以歸類為低價股，如果這個企業是鋼鐵就可歸類為高價股。

在使用本益比進行投資的時候，請先考慮行業間的差別。在計算出企業本益比後，要先和大盤本益比比較，然後再和同行業的其他企業進行比較。

舉例來說，你想買觀光類股中的「第一店」，但不知目前價格是否合理，可以把「第一店」跟同業平均本益比相比較一下，再和最貴的同屬觀光類股的晶華相比，看看兩者差之間的差別，就能判斷當時「第一店」的價位是否很貴。

然而，也不能因為就這一點即判斷可以買進，因為股價最重要的還是買「未來」。這時，你要評估的是企業的營運是否有成長性？本身競爭力如何？

一般說來，對於未來成長性好的個股，投資人會給予比較高的本益比。

行業間之所以本益比有差別是因為不同行業投資人對其收益成長性的期待不同。成長性期待高的行業本益比容易變高。如果預測將來每股盈餘會不斷增長的話，本期的預估本益比就算比較高也是被允許的。

實際上，企業分析的專家估算本益比的時候，通常不只是對本期預估，還對兩年後甚至三年後的數字預估計算。

令人期待的高科技行業，本益比通常比較高，或是對未來長期看好的產業，如拜大陸觀光題材的類股，投資人就願意用比較貴的價格買進；相反的，成長性低的行業的本益比就比較低。例如鋼鐵，即使業績有相當大的提高，但是在股票市場上仍然被評價為是利益增長緩慢的成熟產業，所以一直是低本益比的族群。

注意本益比行業間的不同

集中市場的本益比　2009年2月

大 盤	**9.69**	化學工業類	9.06
水泥工業類	11.26	生技醫療類	16.14
食品工業類	11.58	油電燃氣類	8.42
塑膠工業類	6.00	半導體類	15.82
紡織纖維類	14.63	電腦及周邊設備類	6.78
電機機械類	9.92	通信網路類	11.50
電器電纜類	19.34	電子零組件類	7.95
玻璃陶瓷類	15.62	電子通路類	7.73
造紙工業類	8.53	資訊服務類	12.44
鋼鐵工業類◎	5.29	其他電子類	7.46
橡膠工業類	9.76	未含金融保險類	8.73
汽車工業類	15.40	未含電子類	10.88
建材營造類◎	5.32	未含金融電子類	8.55
航運業類	19.98	水泥窯製類	11.82
觀光事業類★	40.14	塑膠化工類	6.75
金融保險類	36.10	機電類	8.89
貿易百貨類	28.77	化學生技醫療類	10.08
其他類	9.54	電子工業類	8.84

本益比的歷史數據那裡找？

P/E RATIO AND YIELD OF LISTED STOCKS

	A	B	C	D	E	F	G	H	I	J
1										
2	民國98年2月						February 2009			
3	證券名稱			最後市價		本 益 比		殖 利 率		股價淨值比
4	Stock's					(times)		(%)		(times)
5	Code & Name			Latest Price		PER		Yield		PBR
352	2834	台 灣 企 銀		6.24		7.90		0.00	@	0.57
353	2836	高 雄 銀 行		6.25				8.00	@	0.33
354	2838	聯 邦 銀 行		5.80				0.00	@	0.64
355	2845	遠 東 商 銀		4.76				0.00	@	0.49
356	2847	大 眾 商 銀		3.36				0.00	@	0.32
357	2850	新 光 產 險		8.98		7.24		15.70	@	0.81
358	2851	中 再 保		7.80		19.02		19.23	@	0.70
359	2852	第 一 保		6.30				15.87	@	0.67
360	2854	寶 來 證 券		10.25		53.95		8.20	@	0.79
361	2855	統 一 證 券		9.21				14.44	@	0.62
362	2856	元 富 證 券		6.45				3.57	@	0.58
363	2880	華 南 金		16.85		9.16		7.12	@	1.13
364	2881	富 邦 金		18.90		15.00		7.94	@	1.01
365	2882	國 泰 金		28.05		200.36		10.70	@	1.70
366	2883	開 發 金		5.96				7.55	@	0.53
367	2884	玉 山 金		8.00		12.12		10.00	@	0.58
368	2885	元 大 金		12.75		25.50		5.10	@	0.91
369	2886	兆 豐 金		9.61		87.36		13.01	@	0.61
370	2887	台 新 金		4.95		13.75		3.64	@	0.18
371	2888	新 光 金		7.20				13.75	@	0.59
372	2889	國 票 金		5.61		16.50		6.24	@	0.45
373	2890	永 豐 金 控		5.84				2.05	@	0.49

路徑

台灣證券交易所
(http://www.tse.com.tw)首頁
→統計報表
→上市公司月報
→上市股票本益比及殖利率

第十二節　PER ⑥　本益比與國際股市相較

在 經濟全球化的現在，世界的鈔票就像羅布在全球的大海一樣，不但彼此互相影響，而且有所謂的「鈔票群」。用比較極端的比喻來說，國際鈔票群就像是「蝗蟲群」一樣，一旦發現那個地區有利可圖，所有的資金就會自動的向該地集合。

全世界同屬於一個大鈔票海洋

如果有某個地區政、經條件都相對穩定、且本益比低(也就是股價相對便宜)，鈔票蝗蟲群就會從四面八方湧來，因此，不止在國內投資股票要盯緊全球股市變化，買基金、黃金、原油都不能忽略全球的鈔票大潮(詳見「基金初見面--選對基金」。)

國內的個人投資者可能傾向於以國內的上市企業為標的互相比較，但國際級的投資選擇標的是全球布局，從右圖世界主要證券市場比較表可知，同屬亞洲的韓國、台灣、日本(東京)和深圳、上海(中國)的幾個市場，平均來看本益比韓國與台灣相對低很多，這樣的數據會不會讓國際的買家認為「韓國與台灣股價很便宜，可以買進呢？」不管怎麼說，只要是想獲得利潤的人，便宜(低本益比)總有一定的吸引力。

本益比是隨著股價而變動的，所以，這個數據要隨時上網查看，與臨近國家互相比較，並配合財經新聞留意本益比相距懸殊的內在意涵，例如，同屬亞洲國家的上海與深圳其本益比為什麼高出其他國家那麼多？是他們的企業都「太不會賺錢了」？還是投資人對於「中國概念」的未來發展給了太多的想像空間呢？

即使一般投資人，股票的買進也是一種國際化的經濟行為。順著鈔票大潮勝算將大大增加。

風險與報酬

如果不考慮投資的獲利與風險並存，投資就變成跟玩樂透一樣。
進到股市的第一天就應該體悟到，即使做好必要的功課，資產在變為股票的瞬間就有可能因某種不可控制的因素而急速變大或縮小。
原本以為「這裡是低價」沒想到還有更低價……這種情況一點也不叫人意外。

世界主要證券市場比較（本益比）

交易所名稱	紐約	倫敦	東京	韓國	香港	新加坡	泰國	上海	深圳	台灣
1999年底	25.13	30.45	-	34.63	26.73	99.19	14.70	37.09	36.30	47.73
2000年底	22.85	23.31	170.80	15.34	12.80	20.91	5.52	58.22	56.04	14.84
2001年底	31.06	20.29	240.90	29.29	12.18	16.75	4.92	37.71	39.79	41.57
2002年底	29.00	17.73	-	15.61	14.89	21.17	6.98	34.43	36.96	41.77
2003年底	27.88	18.29	614.10	10.06	18.96	24.87	13.65	36.54	36.19	24.76
2004年底	20.44	14.69	39.00	15.84	18.73	16.60	9.40	24.23	24.63	12.58
2005年底	18.85	13.97	42.40	10.98	15.57	15.37	9.40	16.33	16.36	17.55
2006年底	18.16	13.37	36.00	11.40	17.37	13.92	8.10	33.30	32.72	18.98
2007年底	18.39	11.83	26.70	16.84	22.47	14.74	12.63	59.24	69.74	15.31
2008年底	19.59	8.88	20.00	8.99	7.26	6.00	7.01	14.85	16.72	9.80
2008年02月	19.24	11.21	24.10	15.23	19.57	11.32	16.58	49.22	59.12	15.26
03月	20.66	10.92	22.60	15.39	13.68	10.77	14.96	39.46	38.35	15.52
04月	20.94	11.51	24.10	14.47	13.96	11.44	15.26	42.06	32.61	14.96
05月	20.81	11.95	25.90	14.69	13.53	11.55	14.11	25.86	30.71	14.66
06月	20.89	11.18	28.00	13.31	11.98	10.70	13.00	20.63	23.51	12.81
07月	21.35	10.65	27.40	12.67	12.06	10.44	11.30	20.91	24.76	11.97
08月	24.73	11.68	26.40	11.46	11.05	9.96	11.11	18.11	19.74	12.53
09月	22.40	10.21	23.00	11.25	8.81	7.64	9.06	18.66	18.41	10.14
10月	18.55	8.79	19.20	8.84	6.76	5.81	6.33	14.07	13.95	10.20
11月	19.44	8.42	19.20	8.57	6.83	5.75	6.28	15.22	16.05	9.53
12月	19.59	8.88	20.00	8.99	7.26	6.00	7.01	14.85	16.72	9.80
2009年 1月	18.11	8.51	19.20	9.26	6.72	6.23	6.86	16.25	18.65	9.05
02月										9.69

說明：紐約以 S&P500 本益比表示　資料來源：各國統計報表
1.東京股市第一類上市公司因1999年底、2002年底及2003年1-5月之EPS為負數，無法計算本益比。
2.自2000年11月起韓國股市之算術平均本益比由綜合之本益比取代。
3.自2008年1月起新加坡股市本益比資料源自彭博公司資訊。

路徑

台灣證券交易所（ http://www.tse.com.tw)
→統計報表
→國際主要股市月報
→世界主要證券市場比較(明細表)

第十三節 PER ⑦ PER低≠便宜；PER高≠貴

如果一檔股票半年前本益比是5倍，之後股價上漲到了10倍呢？因為本益比的股價是分子，利潤是分母，股價是隨時變動的，半年前認為是便宜的價格，現在隨著價格上漲，本益比重新計算可能就算貴了。

又有一些行業的本益比長期處在低靡的情況，這種企業大部份是長期業績不佳、處於夕陽產業或者財務體質有問題。

當然，這種股票價格就很難上漲，就算因為股價便宜，有上漲空間也無法預料什麼時候上漲。股票投資目的是增加資產，若投資人採取按兵不動的長期戰略，這種既沒有盼望且資金效率又低的股票也不是值得買進的標的。

因此，長期投資者要了解本益比的變化，以體檢公司的經營體質與當前股價相對的便宜度，還要配合股價圖的技術分析

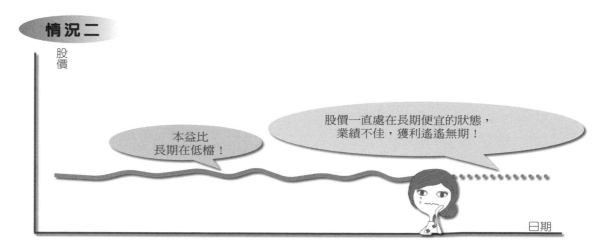

找出真正的便宜股。

右圖是日本某新興企業的K線圖,這家公司從2003年初上市以來業績表現一直不錯,年盈餘成長率在20%左右,在財報上也維持一貫的高成長,由基本面看來完全沒有特殊之處,但股票價格來看簡直就跟搭雲霄飛車一樣。上市的第一年,這家公司業績表現已經很突出,但股價卻很低,根據資料,當時的本益比只在10倍左右。這時候大部份的投資人與媒體並沒有特別注意到這家公司的存在。2003年8、9月因著日本股市景氣恢復,投資人也開始尋找有潛力的股票,短短的幾個月的時間股票漲了幾十倍,本益比最高到200倍。

賭博,終非投資正途。

站上最高點只有很短的時間,股價就急速往下掉,2005年在本益比約50倍左右盤旋一陣,終於還是回到合理的本益比(15~20)的現實狀況。

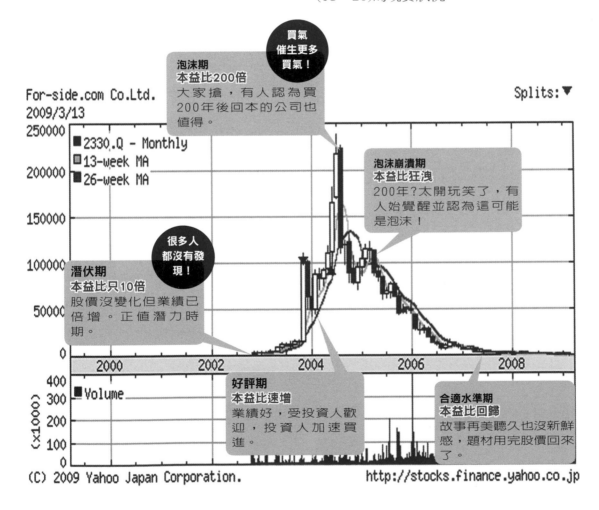

第十四節 PER ⑧ 另案處理大型與高成長企業

PER有兩類企業應採另案處理的態度：第一類是高成長性的新興企業；第二類是具有相當歷史的大型企業。首先，新興企業的本益比有偏高的特性。

因為新興產業投資人對它的高成長抱著很大的希望，雖然這些企業現在賺到的錢並不是太多，但很多投資人的算盤是這樣子打的：例如，本期的本益比為100倍，僅從這裡看，很明顯的知道它是高價股，但是如果企業在下期與下下期的每股盈餘連續增長2倍的話會怎為樣呢？

下期的每股盈餘是2，下下期的每股盈餘就是4。以這個獲利為基礎重新計算，本益比就從原來的100倍下降為25倍，高價股的感覺就消失了。另外，新興產業股也有高PBR的特質，例如次頁將介紹的(6130)亞全科技當期的PBR高達7.08倍。

新興產業＋高PER＋跌勢＝極恐佈

投資人對於新興產業充滿期待，願意花很貴的錢去買它未來的成長，不過，若營業情況沒有如預期，甚至只要成長趨勢減緩一些，都可能出現拋售潮。

像這樣的例子在新興的中小型產業非常多見，以(6130)亞全為例，2006年第一季才擺脫長久虧損轉虧為盈，尤於企業的主營項目是當時最熱門的產業(可攜式產品IC50.43％、無線通訊34.17％)受到媒體與分析師大力吹捧，認為未來前景看好，本益比最高超過260倍，但之後幾個月企業營收實在無法跟上，股價一路從180元的高點跌到20元以下，短短半年股價跌了將近9成!

充滿期盼的產業遇到股價大跌，只要投資人對成長期待性沒有降低期望，股價還是有機會漲回來。只不過，投資人要能充份掌握產業與個股業績的前景，才能禁得起這種高本益比企業上沖下洗的行情。

有歷史的大企業成長空間有限

而具有歷史的大企業如中鋼、台塑，這些企業不管業績再好，本益比也很難超過50倍。因為這些資深的大企業經營模式已經相成成熟，這一期的營業收入比起上一期要成長一倍非常困難。這類股票股價的想像空間本來就不多，而且就算營收與營益均大有成長，因為流通在外的股數多，要漲也漲不太動，可以用個比喻——

新興企業股本小，像個小盤子一樣，營益成長一點點，就很容易滿出來；但大型企業營益成長即使不少，分散到大盤子，也看不出非常出色的數字。小股本的新興企業，隨著業績擴大，利益增倍是完全有可能的。因此，具成長性期待的小企業，即使本益比很高也不一定是高價股。

新興企業充滿想像空間 (亞全的範例)

亞全季報簡表　單位：百萬元

期別	2008			2007	2007			2006	2006			2005
	前3季	前2季	第1季		前3季	前2季	第1季		前3季	前2季	第1季	
營業收入淨額	109	79	34	224	161	101	50	109	68	50	28	104
營業利益	-60	-38	-14	21	16	10	5	-52	-48	-35	-16	-149
營業外收入合計	17	15	4	10	8	6	3	22	18	15	13	16
營業外支出合計	4	4	3	17	14	9	3	110	49	45	8	202
本期稅後淨利	-53	-32	-17	-32	6	5	3	-80	-80	-65	-11	-276
每股盈餘(元)	-1.93	-1.15	-0.61	-1.16	0.23	0.17	0.12	-4.28	-4.55	-0.99	-0.17	-30.11

賠　←　　　賠　　　小賺　←　　　賠

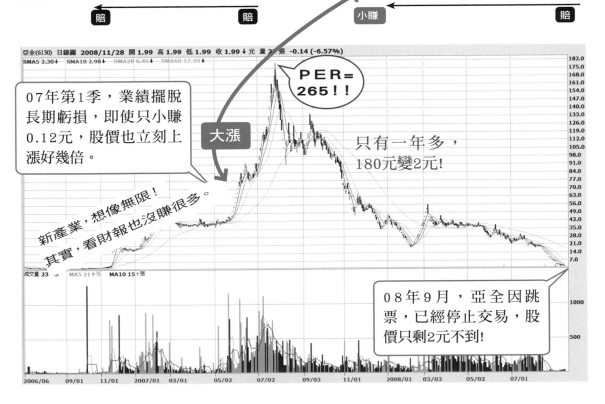

07年第1季，業績擺脫長期虧損，即使只小賺0.12元，股價也立刻上漲好幾倍。

大漲

PER=265！！

只有一年多，180元變2元!

新產業，想像無限！其實，看財報也沒賺很多。

08年9月，亞全因跳票，已經停止交易，股價只剩2元不到!

第十五節 PER ⑨ 本益比是魅力企業的證據

如果本來PER高不可高攀，之後PER降低了，而且獲利也變好，是否就能因此判斷是買進的好時機呢？

本益比由高變低≠價格由貴變便宜

回想一下前面亞全的例子，想想看如果在股價的下跌途中你加入了「買方」，會是怎麼樣的情況呢？07年股價有180幾元的實力，08年竟然傳出跳票，股價不到2元被交所停止交易!標標準準的壁紙公司。因此，當股價由高本益比向下跌，不能輕率的認為是股價變便宜了，得視股價下跌的趨勢能否被抑制。因此，運用本益比時，一般是選出被市場過度低估的企業，若用在高成長型企業反而可以倒過來解讀為：「高本益比是魅力企業的證據」或者「高本益比才是好時機」——這一點對新手投資人可能有點無法適應，不過，事實上的確是如此。

國內投資散戶特別偏愛中小型的新興成長股。新興成長企業價格波動大，適合想運用少量資金獲取大收益的投資者。但是，這樣的企業，不是由具體的投資指標數字來決定該如何買賣，而是由含糊的成長期待左右股價。

新興企業由含糊的成長性決定價格

舉上櫃企業(6244)茂迪為例。茂迪從事相當熱門的新興產業太陽能(主營項目：太陽能電池99.22%、太陽光電系統0.43%)在2004年前後，太陽能題材襲捲了國內外產業新聞的版面，處在這波浪頭上的茂迪當時雖然業績尚未表現，但全球太陽能熱致使投資人對其含糊的期待發酵，股價近千元算一算前一年度的每股盈餘8.52元，本益比近百倍。事實上，接下來幾季，茂迪的表現很不錯，營收與盈餘均繼續擴大，但此時PER反而停留在低的狀態。

為什麼呢？隨著太陽能產業的逐漸成熟，新競爭者的加入，公司所面臨的環境越來越嚴峻。其實，這樣的情況，幾乎是每一家新興企業都會遇到的相同問題。

所以，投資人寧可買PER很高且愈來愈高的貴股票，也千萬別買PER本來很高，後來PER卻愈來愈低的「便宜」股票。雖然這兩者都有不小的風險，但前者可能比後者來得安全一點。

買高成長，研究產業吧！

再換個角度來說，為什麼投資人願意去買錢賺得不多，股價貴得要命的茂迪，卻不肯接手股價已經

變便宜又開始賺錢的茂迪呢？

「成長是否將鈍化!？」

是投資人對高成長產業最常檢視的重點。股價對事業將來的發展具有預見性，也就是股價會比實際業績大約早半年反應。以茂迪為例，讓投資人最憂心的是還是毛利率連續幾季下滑，雖然每個月營收一再成長，但在成長鈍化的疑慮下，股價就很難維持風光。

實際上當時毛利降低的不止是茂迪，

包括全球的太陽能電池產業在07"年都飽受缺料之苦，因為缺料，企業只能在現貨市場以高價購料，而嚴重壓縮了獲利空間，為維持生產，各家太陽能企業都不惜到售價較高的現貨市場搶料，造成固定成本增加。以上相關的產業資訊，對於購買高成長企業的投資人而言非常重要，因為大家都是抱著對未來無限期望而買進的，要操作這一類股票的投資人，可得比別人花更多時間在研究產業與個股上。

看似變便宜的高成長個股風險反而高！(茂迪的範例)

茂迪年報簡表 單位：百萬元

期別	2008年	2007年	2006年	2005年	2004年	2003年	2002年	2001年
營業收入淨額	17,734	15,578	8,099	4,304	2,450	1,135	518	269
營業利益	2,152	2,431	2,178	1,203	515	203	86	30
營業外收入合計	133	255	136	78	56	21	9	10
營業外支出合計	452	227	51	114	10	4	7	13
本期稅後淨利	1,793	2,442	2,258	1,159	560	220	84	26
每股盈餘(元)	7.19	12.55	13.11	8.52	7.76	5.08	2.87	1.11

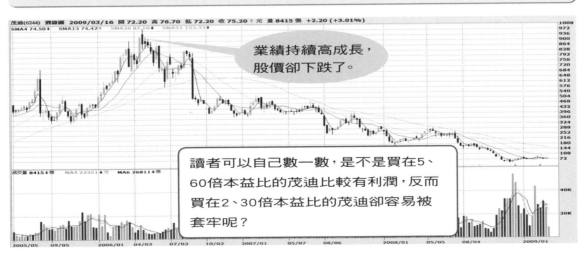

業績持續高成長，股價卻下跌了。

讀者可以自己數一數，是不是買在5、60倍本益比的茂迪比較有利潤，反而買在2、30倍本益比的茂迪卻容易被套牢呢？

財報的作用

財務報表說明已經發生的歷史事實，因此被稱為「落後指標」。但一家企業若沒有昨天的基礎，何來明日的發展？所以，財報仍是投資人不可或缺的重要工具。

高PER企業最怕出現成長鈍化疑慮 （茂迪的範例）

> 跟早期相比，毛利率下滑了很多很多。

股票/價格 141.50元（2008年09月）

|季報表|年報表|　　　　　　　　　　　最後更新日期：2008/12/5

期別	2008 第3季	2008 第2季	2008 第1季	2007 第4季	2007 第3季	2007 第2季	2007 第1季	2006 第4季
毛利率	15.45%	15.38%	16.64%	19.20%	19.89%	21.28%	24.43%	30.62%
營業利益率	12.14%	11.86%	13.48%	15.61%	16.43%	18.11%	21.25%	26.89%
營業利益率(減利息費用)	11.66%	11.36%	12.92%	15.02%	15.83%	17.52%	20.67%	26.46%
純益率	10.11%	7.98%	5.49%	15.68%	16.48%	18.44%	23.17%	27.88%
股東權益報酬率(稅前)	13.56%	6.68%	1.81%	25.92%	20.44%	14.31%	12.89%	56.11%
股東權益報酬率(稅後)	13.26%	6.73%	1.99%	25.74%	19.98%	14.52%	12.89%	56.00%
資產報酬率	10.35%	4.98%	1.69%	19.03%	14.72%	9.95%	8.11%	36.91%

> 雖然ROE不差，但只能說股價會保持在一般水準，投資人難以寄望享受超額報酬。

> 高成長型企業，毛利率與營益率的成長很重要，但從財報來看，有愈來愈差的趨勢。

茂迪（6244）單月營收

營業收入 ▼

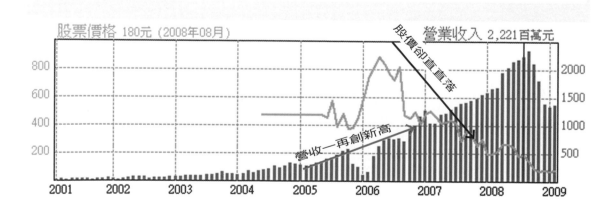

股票/價格 180元（2008年08月）　　　　　　　　　　　營業收入 2,221百萬元

股價卻直直落

營收一再創新高

路徑

YAM天空股市
(http://stock.yam.com/)
→股市首頁
→輸入代碼
→獲利能力分析（上）月營收表（下）

逆勢，讓低價股成為一門好生意

不管是平常股價就低的低價股，還是因為股災而變成低價股，一般投資人非常害怕這種股票，一來是不敢買進，二來因為從來就沒有想要買進的念頭也就從沒有研究過「低價股操作方法」

的確，股價會變成很可憐的低價股一定有其理由，細查這些低價股的基本面，大都有其嚴重的問題，如此一家有著嚴重財務或管理問題的企業要能有機會起死回生機會並不大，既然是沒有前景的公司，為何要浪費時間與成本投入呢?

從這個角度看，低價股投資應該要嚴格的被檢視，這是理所當然的！不少投資人可能會想:人最重要的除了生命，就是金錢。這麼重要的東西拿去買低價破爛股……聽起來實在沒有道理，然而，這裡要說，挑對投資時機與挑對個股，低價股反而是一項可獲利的好生意。

對於低價股的選擇，首先，就是要排除可能破產企業，再來，短線投資人不青睞的低價股，對有長期持股計畫的投資人並非沒有誘因，目標是要選擇獲利穩定、高配息率、高股息殖利率的個股就是穩當的標的。

低價股投資只有明白「在低價買進，高價賣出」並付諸實行，這樣的投資才能獲利。在金融海嘯後，大多數投資者都嚴重虧損，但若善用低價股逆勢投資反而可以提高利潤。

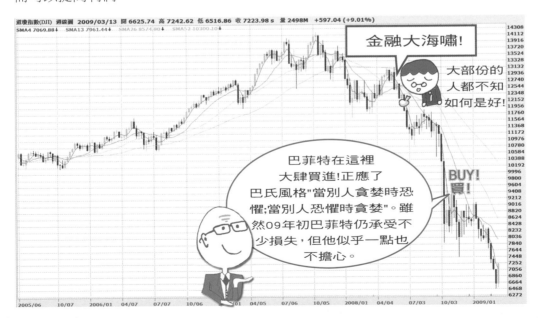

第十六節 PER ⑩ 低本益選股訣竅

右圖的中鋼月線圖，投資人很清楚的可以看出來，整個96年中鋼幾乎是一路不回頭的上漲；但再往前看幾年，包括93、94、95三個年度的股價行情浮浮沉沉，並沒有特別大好的情況。

是中鋼93~95業績表現得不好嗎？還是96年突然變得很會賺錢，所以股價漲？

93~96年中鋼的每年每股盈餘分別是：5.26、4.383、3.56與4.58(約)，顯然，這幾年每股盈餘既沒有比較不好也沒有比較好，那麼，為什麼之前的幾年投資人只給了這麼穩定會賺錢的公司幾乎低於10倍的本益比呢？

之所以本益比這麼低是因為鋼鐵業在市場上屬於產業業績不會發生很大增長的產業。即使大家都知道股價很便宜(本益比低)，但是因為沒有成長力的想像題材，投資人知道不可能獲得超額報酬，在股票市場上就沒有什麼人氣，96年以前的中鋼就是這種企業的典型代表。

96年之後由於全球原物料大漲，中鋼業績持續走好，市場上對其評價一下子就變好了。其實市場上存在不少獲利穩定，但是得不到好評的低本益比企業。對於這類型的股票，適合有進行長期資金規畫的投資人購買，只要等待的時間夠長就有機會獲利。

中鋼2007年月營收	
時間	月營收(單位:仟元)
2007年12月	18,978
2007年11月	18,246 成長
2007年10月	18,445
2007年09月	17,410 成長
2007年08月	17,596
2007年07月	17,045
2007年06月	17,666
2007年05月	17,029
2007年04月	16,376 成長
2007年03月	16,892
2007年02月	15,777 成長
2007年01月	16,459

96年度，每股盈餘並沒有特別多，但營收表現不俗，一個月好過一個月，外加大環境利多的因素，股價終於揚眉吐氣了！
顯然，長期低價的股票也是需要業績題材作支撐才有機會獲得超額報酬。

低本益比＋一直有賺錢的個股（中鋼範例）

開盤 34.30　最高 36.50　最低 34.10　收盤 36.50　成交量 458782　漲跌 2.50
MA5 33.46▲　MA20 29.53▲　MA60 -

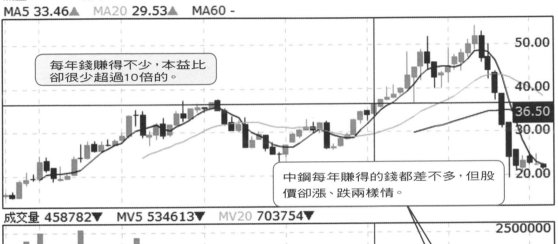

每年錢賺得不少，本益比卻很少超過10倍的。

中鋼每年賺得的錢都差不多，但股價卻漲、跌兩樣情。

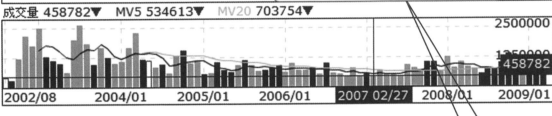

獲利能力(97第3季)		最新四季每股盈餘		最近四年每股盈餘	
營業毛利率	24.78%	97第3季	1.06元	96年	4.49元
營業利益率	21.97%	97第2季	1.33元	95年	3.56元
稅前淨利率	19.96%	97第1季	1.02元	94年	4.83元
資產報酬率	4.29%	96第4季	1.13元	93年	5.26元
股東權益報酬率	5.91%	每股淨值:	18.37元		

97年度每股盈餘大約是4.54元，跟以前也差不多，但股價卻大跌，因為大環境不佳，誰也難逃跌的命運，不過，這種盈餘績優生即使面臨經濟風暴，盈餘也不易出現「負值」，這種優勢就不是高科技話題公司能夠相比的。

路徑

Yahoo！奇摩(http://tw.yahoo.com)
股市→鍵入股號→公司基本分析

第十七節 PEG ① 考慮成長率仍算便宜嗎?

右圖甲和乙公司的2009年每股利潤都是1元,甲股價是10元,乙股價是20元。PER分別是10倍和20倍。

如果單由眼前的本益比來看,就會覺得甲公司很便宜,乙公司比較貴。

但是,如果往後推三年看。甲公司的成長一年不如一年,乙公司每年成長20%,由三年後的業績計算所得的本益比,甲公司是20倍(10元÷0.5元),乙公司是13.9倍(20元÷1.44元)。這樣一來,就不會感覺甲公司的股價10元很便宜,反而覺得乙公司的股價20元比較划算。雖然在2009年的利潤都是1元。

再看看丙公司,2009年每股利潤也是1元,股價30元。本益比為30倍。看起來會感覺"好貴啊!"。

但是,如果3年後丙每股利潤是2.25元(每年增長50%),本益比將變為13.3倍。這樣,就會覺得買了很划算。

甲公司的3年後利潤減半,股價現在即使只有10元,還是應該覺得貴。相對的乙公司增長率如果是20%,股價現在即使是20元(本益比為20倍);丙公司增長率如果是50%,股價即使目前是30元(本益比為30倍),也會應該算便宜。

便宜?貴?配合成長表現

由此可見,本益比與對企業成長率的預期有很高的相關性,一般說來,如果目前已知本益比在成長率的1倍以下,股價算是便宜,在成長率的2倍以上,可以說是貴了。

比方某家企業預估未來的盈餘成長率是20%,本益比在20～40倍間變動都算是正常的。如果本益比在20倍以下就算便宜,本益比在40倍以上就算貴;假如企業預估未來的成長率是25%,計算成長率的1～2倍就算出本益比在25～50倍間變動都算是正常的。如果本益比在25倍以下就算便宜,本益比在50倍以上就算貴。

因此,本益比到底幾倍才合理?跟企業的盈餘成長率有很大的關係。

如果有一家企業,今年業績確實成長快速,但明年成長趨緩,那麼,剛才所提到的經驗規律當然就不適用了。

想想當初為什麼會給予這家企業較高的本益比?理由是成長型的公司具備「持有愈久,成本就愈低」的特性,所以投資人願意花比較貴的價格買進,若是原先預期的成長因素不見了,自然就不適用了。

企業仍會繼續成長嗎?

企業能不能持續成長可以從經營團隊、基本面和所屬產業財報研判。

快速成長型的公司特色是股本不大,但不一定是經營高成長產業。只要在產業

中有機會擴張有機會享有高市佔率也算。

當然，高成長往往伴隨高風險，特別要留意財務結構是否安全。

而所謂的「成長率」，指的是營收成長率？營益成長率？還是盈餘成長率？因為本益比是根據「盈餘」計算，理論上應該是盈餘成長率，但實際上不管採那一個指標都是預估性質，如果就各方面的預測這家企業的業績成長率未來三年分別為30％、20％、25％，以這種形勢變化，大約就可以捉最保守的估計20％當成標準計算。不過即使是公司的董事長也難以準確

的預估業績的成長率，所以估計的時候要慎重行事。

一般說來，企業連續幾年持續高成長是很難的。所以，這種計算方式通常只適用於高成長型的企業初期，若是成長已經趨緩，股本也愈來愈大就較不適用。

有些新興產業往往會出現本益比高到不合理的情況。本益比過高，股價難免就會出現高時很高、低時很低、價格直上直下瘋狂變動，風險也會增加。

對於保守的投資人，這種股票還是少碰為妙。

考慮成長率的話，那一個貴？

時間 公司別	目前股價 2009年	EPS每年預測			本益比	
		2009年	2010年	2011年	2009年	2011年
甲	10	1	0.8	0.5	10/1＝**10**倍	10/0.5＝**20**倍
乙	20	1	1.2	1.44	20/1＝**20**倍	20/1.44＝**13.9**倍
丙	30	1	1.5	2.25	30/1＝**30**倍	30/2.25＝**13.3**倍

目前，丙是甲的3倍貴！！

計算成長率，丙最便宜。

第十八節　PEG ② 結合成長率的本益比

本益比高不高說明市場投資人的態度，也可以把它想成是虛幻的、可被操弄的「人氣指數」而影響投資人態度（人氣指數）的是企業的成長力。比方說，企業的股價是500元，本期的預估每股盈餘是10元，本益比就等於500元÷10元=50倍。但是，如果預測企業的收益急劇的擴大，下期每股盈餘達到了本期的2倍20元的話，本益比是25倍，高價股的感覺就淡了。如果再下期又出現了2倍成長的話每股盈餘增加到了40元，本益比等於500元÷40元=12.5倍！

像這樣，對於高成長率的企業，就算現在本益比高也可以判斷為低價股。而為了進一步掌握本益比與成長率的關係，PEG值就應運而生。

計算PEG，最重要的是未來的年成長率。一般是指3到5年間的每股盈餘的年平均增加率，叫做「EG」。用本期的預估本益比除以EG計算出的數值就是PEG。

例如，本期的預估本益比為28倍，每股盈餘在今後的5年間的年平均增長為40％，PEG=28÷40=0.7倍。本益比愈低，或者EG（利益成長率）愈大PEG就愈小。也就是說PEG越低越是有成長力的低價股。

美國著名的投資家彼得林區(Peter Lynch)在他的著作中強調過這一點，後來被投資人廣泛的使用。

成長無力，低PER魅力減半

在本益比低的企業中，如果再考慮PEG值可能就變成不算便宜了。例如，本益比10倍的企業現在看很便宜，但未來的利益成長率若年平均3％，PEG是10÷3=3.33倍反而應判斷為高價股。

放眼望去股票市場上未來沒有什麼成長性，本益比一直很低的股票很多。這正好反映了PEG的觀點。不管本益比多麼低，缺乏成長力的企業也不該被認定是低價。

那麼，PEG值適合用在什麼地方呢？最適合運用在本益比不易起作用的新興成長企業中。

掌握出售時間點

股票交易中，賣出的時間點和買進的時間點同等重要，但也一樣難捉摸。有本事在低本益比時買進，若錯過了賣出的時間點是非常可惜的。

成功的「賣」有兩個。第一，股價已達到預期目標時。第二，當初買進股票的理由已經不存在時。

當獲利滿足點已經到了，就應該賣掉股票。擺著不賣一直看到本益比已經50倍、100倍、200倍，賭博的成份就太高了。此外，如果原先買股票的動機是業績成長，若是這個理由不存在，那麼，也該是賣股票的時候了。

PEG的計算式

PEG ● 本益比 ／ 預估每股盈餘成長率 　單位是倍。

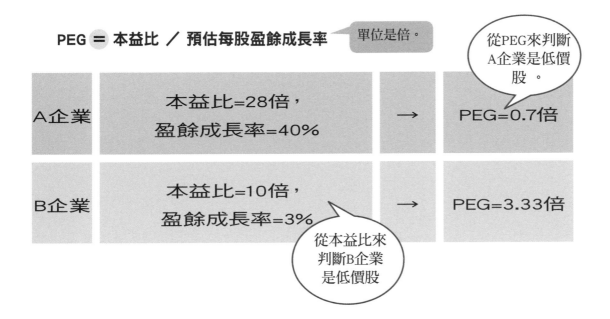

| A企業 | 本益比=28倍,
盈餘成長率=40% | → | PEG=0.7倍 |
| B企業 | 本益比=10倍,
盈餘成長率=3% | → | PEG=3.33倍 |

從PEG來判斷A企業是低價股。

從本益比來判斷B企業是低價股

網路上的PEG排行榜

路徑 群益證券（http://www.capital.com.tw）
→大盤產業→EPS價量排行→PEG排行

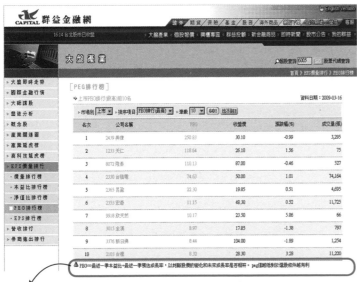

PEG＝最近一季本益比÷最近一季預估成長率。

成長率計算不易

預估成長率就連經營者本身都不容易,若是寄望今後3到5年間的中長期盈餘成長率更困難。但本期的業績在一定程度上可以預測,所以,網站上的PEG值通常是採最近一季本益比÷最近一季預估成長率。

4 ▶▶▶ 徹底解構投資指標(下)

第一節　認識資產負債表

找出低價股的投資指標，除了本益比之外還經常利用股價淨值比PBR(Price-Book Ratio)。

PER從企業的收益性來判斷股價；PBR是根據企業的資產內容來判斷股價。

PBR的計算公式是股價÷每股淨值。也就是把本益比的計算公式（股價÷每股盈餘）中的每股盈餘替換成每股淨值。

PBR：以財務為著眼點判斷低價度

每股淨值是什麼呢？每股淨值則是由資產負債表計算而來。如右圖表所示，資產負債表分為「資產」、「負債」、「股東權益」等三個部分。資產的部分包括了決算期末企業所有的資產，例如現金、存款、設備、機械、土地以及建築物等。這些部分的總額就是企業的「總資產」。也就是資產負債表左側所示的部分。

總資產的構成來源有兩種。一種是以借款為主的外部負債；另一種是不需要依賴外部，由企業自身所積累的股東權益。

股東權益有股東出資的股本以及企業過去積累的保留盈餘，與借款的負債不同，這部份沒有償還的必要。

看了資產負債表就會明白，股東權益＝總資產－負債，這是一種數學上的理解方法，但是也可以理解為：當企業解散清算後把總資產換算成現金，在償還負債後得到的真正的財產就是股東權益。

以投資人所熟悉的聯發科為例，96年第三季的資產負債表中載明，企業在期末擁有包括現金、存款、應收票據、存貨資產、土地、建築物、機械、有價證券等總額（總資產）為912億2,100萬元，而包含短期借款、長期借款等的負債總額為120億4,710萬。也就是說在912億2,100萬元之中有120億4,710萬是從外部籌集來的資金。剩下的791億7,359萬就是不需要償還的股東權益。

企業淨值等於企業解散後的總資產

把股東權益除以這個時期發行的總股數就是每股淨值。以聯發科為例，96年第三季的每股淨值是76.63元(因為聯發科有庫藏股768萬股，計算每股淨值時，總股數要先扣掉公司的庫藏股。)

白話一點說，如果你持有一股聯發科的股票，在這一個時間點公司解散了，那麼你就可以拿回76.63元，如果你有1仟股(一張)股票，就可以拿回7萬6,630元。計算一下聯發科在97.3.19的收盤價是374元，以股價÷每股淨值=4.89倍就是這個時期的PBR。

也就是說，在這個時間點股價是企業淨值的4.89倍。可以說PBR的倍率高就是高價股，PBR倍率低就是低價股。PBR

這就是資產負債表！

資產合計

流動資產、基金與投資、固定資產、無形資產、其他資產

負債合計

流動負債、長期負債、其他負債

股東權益合計

股本、資本公積、保留盈餘、其他項目、庫藏股票

聯發科96年度第三季資產負債表

資產合計

912億2,100萬

負債合計

120億4,710萬

股東權益合計

791億7,359萬

公司在期末發行的股票總數為10億4,085萬，先扣掉庫藏股的部份768萬股，等於是10億3,317萬股所以每股淨值就是791億7,359萬元÷10億3,317萬股=76.63元。以3月19日的收盤價374元來計算PBR=股價374元÷每股淨值76.63元=4.89倍。

本資料為(上市公司) 聯發科 公司財報

96年度資料　**單位：新台幣仟元**

本公司採　月制會計年度(空白表歷年制)

	第一季	第二季	第三季	第四季
流動資產	55,397,442	63,632,970	56,598,748	
基金與投資	22,633,547	22,835,652	27,238,090	
固定資產	4,891,945	4,986,296	5,043,306	
無形資產	1,952,575	1,788,932	1,482,258	
其他資產	1,046,973	927,892	858,599	
資產合計	85,922,482	94,171,742	91,221,001	
流動負債	10,896,696	27,280,410	11,981,354	
長期負債	0	0	0	
其他負債	63,217	64,565	66,056	
負債合計	10,959,913	27,344,975	12,047,410	
股本	9,683,127	10,374,120	10,408,538	
資本公積	421,010	414,529	1,806,553	
保留盈餘	63,130,349	54,473,013	66,322,217	
其他項目	1,784,053	1,621,075	692,253	
庫藏股票	-55,970	-55,970	-55,970	
股東權益合計	74,962,569	66,826,767	79,173,591	
每股淨值(元)	78.01	69.54	76.63	
預收股款（股東權益項下）之約當發行股數（單位:股）	0	0	0	
每公司暨子公司所持有之每公司庫藏股股數(單位股)	7,320,137	7,320,137	7,686,143	

股價便宜嗎？

隨著行情的漲跌，PER與PBR常成為買進或賣出的理由，但如果行情上下震盪得很厲害的時候，可能一星期之內，所有的指標一下子顯示是超級便宜股，一下子顯示是超級昂貴股。試想，同樣的一家公司，怎麼可能一週之內業績會出現什麼驚人的變化呢？

所以，還是要從企業的競爭實力上多下功。

與PER用於評量股價便宜或昂貴的方式很像,不同的產業有不同的PBR水準,可以當成選股的參考指標。但不管是那一項指標,都不能只用單一指標就判斷它是否為便宜(昂貴)的股票。

注意每股淨值的變化

股價每天都變化,PBR的值也跟著不斷變化。股價上升了PBR就會變高,股價下跌PBR就會變低。換個角度說,隨著每股淨值的變化,PBR的值也會發生變化。

來看一下宏達電的例子。

宏達電的主營產品是掌上電腦與其周邊產品,由於經營良好收益急速擴大企業內部積累了很多純資產使得每股淨值也急速的擴大。以94年第三季每股價值50.12與92年第三季每股淨值24.40兩者相比,淨值就成長超過一倍。95、96年每股淨值還高達80以上(見下表)。

一般投資人比較不會留意每股淨值,他們比較在意「每股盈餘」。的確,每股淨值一般來說沒有每股盈餘的變動幅度大,但是在選股的時候,也有必要注意每股淨值的增減。畢竟,站在確保股東的立

宏達電營收、股東權益和每股淨值近年的推移

時間	營業收入(百萬元)	股東權益(仟元)	每股淨值(元)
92年第三季	13,752	4,947,483	24.40
93年第三季	22,063	9,387,725	34.59
94年第三季	45,244	17,905,787	50.12
95年第三季	76,361	35,404,259	81.12
96年第三季	79,570	46,100,104	80.44
97年第三季	105,182	55,996,344	74.13

每股淨值 = 股東權益 /股數（普通股 + 特別股 - 庫藏股）

資料來源：公開資訊觀測站

確保股東權益真正累積是上市企業的天職,宏達電這麼會賺錢且營收一直成長難怪股價會那麼高!

場這種純資產的真正積累才是企業經營者本來的目的。而且，也唯有在收益好的情況下純資產才會增加。

PBR高低也有行業別的不同

PBR因企業屬性的不同也有很大的差別。平均市場PBR在一到兩倍之間，但成長期待比較高的新興企業中有很多PBR很高的企業。PBR很高的企業，意味著企業能以少量的資產進行事業活動，而且投資人也還給了很高的評價。PBR其重要性雖然不如PER，可是兩者互相參考使用，可讓投資選股更為精準。

PBR不同企業間差異很大(知名企業範例)			
企業	股價	每股淨值	PBR
1301台塑	54.0	36.24	**1.49**
1101台泥	28.8	21.29	**1.35**
2330台積電	50.0	18.03	**2.77**
5522遠雄	23.60	25.15	**0.94**
2707晶華	322	37.30	**8.63**
3519綠能	104.5	47.00	**2.22**
2430燦坤	13.55	19.53	**0.69**
2408南科	6.07	8.59	**0.71**

資料來源：公開資訊觀測站。股價採98.3.16收盤價；淨值採97年第3季的每股淨值

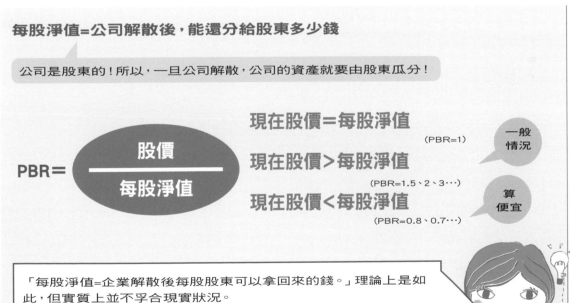

每股淨值=公司解散後，能還分給股東多少錢

公司是股東的！所以，一旦公司解散，公司的資產就要由股東瓜分！

$$PBR = \frac{股價}{每股淨值}$$

現在股價=每股淨值 (PBR=1) 一般情況

現在股價>每股淨值 (PBR=1.5、2、3···)

現在股價<每股淨值 (PBR=0.8、0.7···) 算便宜

「每股淨值=企業解散後每股股東可以拿回來的錢。」理論上是如此，但實質上並不孚合現實狀況。
例如，企業的資產變現真有如財報上所估算的那麼多的價值嗎？比方說土地與應收帳款也許不值那麼多錢，說不定應收帳款大部份是呆帳，而土地也大都是貶值的。那麼，真正把錢放回股東口袋的，其實並沒有那麼多。

第二節　PBR ①　PBR＝1是投資人觀察基礎

股票投資大都以企業的收益力為著眼點，因此，比起每股淨值而言，每股盈餘更受重視。

換個角度說，對投資人而言，不管從資產面來看，這個企業的股價有多麼超值，只要收益性不好就不能稱之為「值得買進的股票」。再者，企業資產的內容是多樣的，有很多不能只靠每股淨值的金額來判斷財務的情況。因此，把PBR的角色設定為在看完PER以及企業成長率之後的輔助指標也可以。不過「PBR=1倍」卻是股價的一個大關鍵。這個關鍵價位又不是營益率或PER可以取代的。

用PBR排除對行情下跌的擔心

PBR=1倍也就是「股價=每股淨值」，它意味著行情不容易再大跌的低價狀態（但不是不會再跌了哦！）以大家都熟悉的台塑為例，假設現在台塑的股價是36.24元，也就是剛好等於它的每股淨值36.24元PBR=1。假定企業解散償還負債後所剩的資產分配給股東，每股拿回41.2元剛好相當於股價。也就是說股價再低的話，持有股票也擁有這樣的價值。因此，每股淨值常常成為股價下跌的最大極限，也就是說股價再怎麼糟怎麼爛，在每股淨值之下一定會有相當的買盤。不過，這也是牢不可破的鐵則，當企業營運很差的情況下，

那些好不容易才得到的資產也有可能被虧損的赤字慢慢消耗。相對的，如果優績股因為某種因素而使股價暴跌，若股價已經跌到PBR1倍甚至以下，就能視為反彈的轉捩點了。又如果業績和公司情況都平平、但公司基礎很穩固，即使由於暫時的業績下滑引起股價暴跌，股價遲早也會恢復的，此時，PBR1倍就成了強有力的股價支撐價位。績優股暴跌後，股價在接近PBR1倍時是重要支撐。很多情況下，PBR1倍是跌價限度，股價很可能在此反彈。

另外，有的公司業績並不算很差，但因為產業前景不怎麼被看好，所以人氣很差，這種夕陽型的產業，也有可能股價長期在淨值以下。如果是這樣的話，就要看何時輪到該產業因某項利多因素而突然翻身了，就像國內許多股價已經長期在PBR1以下的資產股，當新台幣強力升值的時候，低迷的股價突然狂漲。

舉老牌企業聲寶為例，從95年第四季，到96年第三季，它的每股淨值分別是：7.13、6.91、6.62、6.51，右圖是聲寶的周線股價圖，仔細看看，雖然95年底聲寶從8塊多開始滑落，看起來也沒有任何回檔的跡象，但股價只要跌6.5左右也跌不下去了，顯然對投資人而言，把聲寶企業的資產全都變現至少也還能拿回所投入的，股價在每股淨值就形成支撐。

利用ＰＢＲ找出很難賠的進場價位。

範例1：PBR不怎麼派上用場的情況。

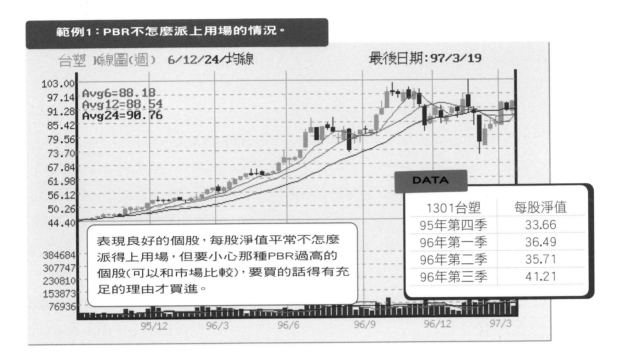

台塑 K線圖(週) 6/12/24/均線　　最後日期：97/3/19

Avg6=88.18
Avg12=88.54
Avg24=90.76

表現良好的個股，每股淨值平常不怎麼派得上用場，但要小心那種PBR過高的個股(可以和市場比較)，要買的話得有充足的理由才買進。

1301台塑	每股淨值
95年第四季	33.66
96年第一季	36.49
96年第二季	35.71
96年第三季	41.21

DATA

範例2：PBR立刻派上用場的情況。

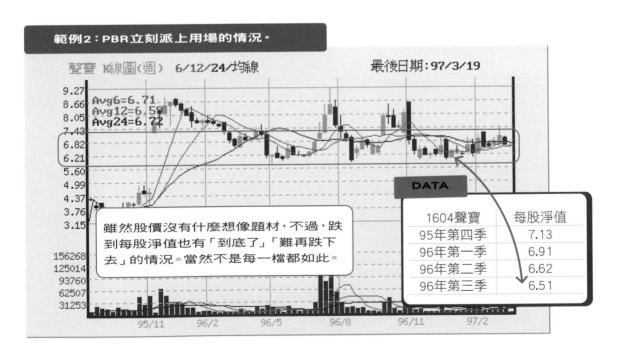

聲寶 K線圖(週) 6/12/24/均線　　最後日期：97/3/19

Avg6=6.71
Avg12=6.50
Avg24=6.72

雖然股價沒有什麼想像題材，不過，跌到每股淨值也有「到底了」「難再跌下去」的情況。當然不是每一檔都如此。

1604聲寶	每股淨值
95年第四季	7.13
96年第一季	6.91
96年第二季	6.62
96年第三季	6.51

DATA

跌價限度

可以判斷「不再繼續下跌了」的限度。或者，可判斷「下跌趨勢會在這裏停止，並且股價會反彈」。

第三節 PBR ② PBR長期低暗藏危險

從會計面來看，每股淨值所代表的就是企業解散後每股股東可以拿回來的錢，以這個數字為基礎計算出來的PBR似乎參考性很高，然而，實質上並不孚合現況。

首先，企業上市之後又解散清算的情況非常少，因此，所謂的「解散價值」是不容易實現的「空中樓閣」。

認為只要PBR跌破一倍買進就一定會賺，或者只靠PBR跌破一倍就判斷為良好的投資時機是輕率的想法。利用公開資訊觀測站可以查看，其實有很多企業長期間PBR都在1倍以下。

低PBR企業，不能貿然買進

股市整體表現好不好是一個很重要的因素，如果股市全面都很差，外資不來、土資也不投資、散戶也散光光，沒有人氣當然就沒有動能推升股價，所以，每到了景氣慘淡的時候，總會聽到許多「挑PBR＜1隨便買隨便賺！」的論調。的確，如果公司體質好，股價因大環境而跌到連每股淨值都不到，當然是進場好時機。

股市有句話：「漲時重勢，跌時重質。」PBR1以下，表示「質」不錯，尤其適合長期投資者持有。但是在進場前還是要留意以下兩點：

一、研究個股的營運背景分析PBR低

的理由，想一想明明公司資產那麼多，為何沒人氣？

是經營團隊不佳嗎？

還是產業沒有前景？

負債比例是不是太高?

公司是不是已經很久沒有賺錢?股東也很久沒有發放股利了？

以上的問題有可能容易出現轉機，有些可能很難起死回生，要深入分析原因。

有些企業是因為原先高度仰賴公共事業，政局轉換後又遭逢預算削減，若是病灶消除，業績可否有機會表現出來呢？

二、企業的資產變現真有如財報上所估算的那麼多的價值嗎？

PBR高=風險高？

文章中提過，在公司營運還可以的情況下，可以認為PBR1倍以下就是便宜。

但是，另一方面，並不能單單以PBR做出股票貴或便宜的判斷。

PBR不像PER有個「15倍」這樣概略性的標準，只能說「PBR1倍的水準就是有力的下跌限度」，至於 PBR應該是多少才合理?則要視情況而定。

PBR長期低靡，你可以這麼分析(中工範例)

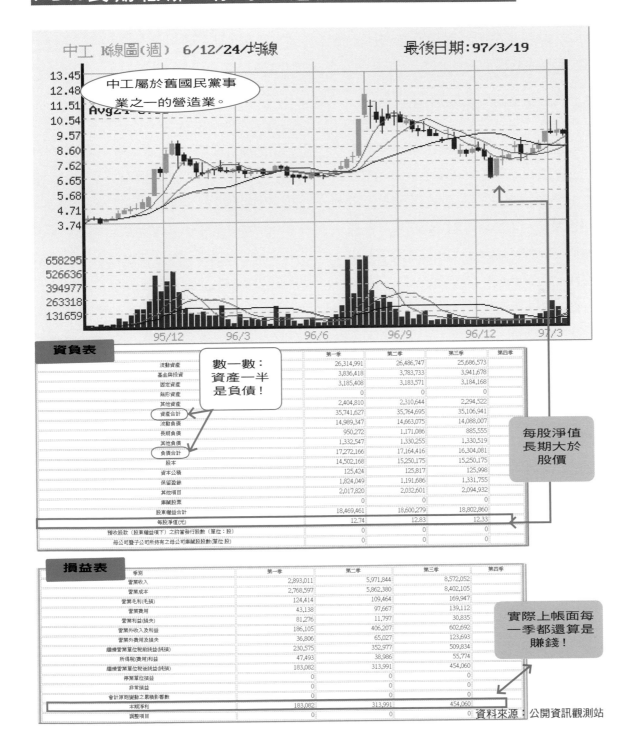

中工 K線圖(週) 6/12/24 均線　最後日期:97/3/19

中工屬於舊國民黨事業之一的營造業。

數一數：資產一半是負債！

每股淨值長期大於股價

資負表

	第一季	第二季	第三季	第四季
流動資產	26,314,991	26,486,747	25,686,573	
基金與投資	3,836,418	3,783,733	3,941,678	
固定資產	3,185,408	3,183,571	3,184,168	
無形資產	0	0	0	
其他資產	2,404,810	2,310,644	2,294,522	
資產合計	35,741,627	35,764,695	35,106,941	
流動負債	14,989,347	14,663,075	14,088,007	
長期負債	950,272	1,171,086	885,555	
其他負債	1,332,547	1,330,255	1,330,519	
負債合計	17,272,166	17,164,416	16,304,081	
股本	14,502,168	15,250,175	15,250,175	
資本公積	125,424	125,817	125,998	
保留盈餘	1,824,049	1,191,686	1,331,755	
其他項目	2,017,820	2,032,601	2,094,932	
庫藏股票	0	0	0	
股東權益合計	18,469,461	18,600,279	18,802,860	
每股淨值(元)	12.74	12.83	12.33	
預收股款(股東權益項下)之約當發行股數(單位:股)	0	0	0	
母公司暨子公司所持有之母公司庫藏股股數(單位:股)	0	0	0	

損益表

季別	第一季	第二季	第三季	第四季
營業收入	2,893,011	5,971,844	8,572,052	
營業成本	2,768,597	5,862,380	8,402,105	
營業毛利(毛損)	124,414	109,464	169,947	
營業費用	43,138	97,667	139,112	
營業利益(損失)	81,276	11,797	30,835	
營業外收入及利益	186,105	406,207	602,692	
營業外費用及損失	36,806	65,027	123,693	
繼續營業單位稅前純益(純損)	230,575	352,977	509,834	
所得稅(費用)利益	47,493	38,986	55,774	
繼續營業單位稅後純益(純損)	183,082	313,991	454,060	
停業單位損益	0	0	0	
非常損益	0	0	0	
會計原則變動之累積影響數	0	0	0	
本期淨利	183,082	313,991	454,060	
調整項目	0	0	0	

實際上帳面每一季都還算是賺錢！

資料來源：公開資訊觀測站

第四節　PBR③　與PBR相關的題材

投資指標中，PBR早期不怎麼受重視，但只要企業併購M&A(Merger&Acquisition)題材出現，就會常在媒體上頻繁的出現PBR。

M&A風復活時PBR低將變熱門

從營運獲利面來看，有些企業經營得並不怎麼好，因為業績不佳股價偏低，不過，這樣的企業有些是資產相當豐厚的(PBR偏低)。如果是這樣的條件，那麼，對於有心要收購的法人而言，是很有魅力的。

首先，股價低買主只要用很少收購資金就可以解決。收購後，要是能夠有效利用企業資產提高企業收益的話，就能在很短的時間內回收當時的收購資金。特別是如果PBR低，但現金存款和有價證券等現金兌換率高的資產多，這種「現金充裕」型的企業，更能引來買主的目光。

PBR這項投資指標還有另一個重要議題，那就是資產價值會因為大環境變化使得市場對其態度冷熱不同，比如通貨膨脹或台幣升值，資產雄厚的個股將成為眾人垂愛的焦點。

前面提到，計算每股淨值是把資產扣除負債之後的純資產來計算的。假設有某個企業，他的純資產大部份是土地，因為通膨的關係，土地價值會比登記在資產負債表項下的價值還要高，這樣子的話，實際換算成現金，會比資產負債表上登記的還來得多。雖然帳面上看起來沒有什麼，但這種企業在天時地利加上一些人為炒作，很可能一下子就麻雀變鳳凰。

舉例來說(2193)農林擁有4000多頃土地資產，近年來雖然也極力發展精緻農業、休閒、觀光等力圖活化資產，不過，從財報的數字來看，92年、93年、94年、95年全都是赤字，也就是企業已經連續四年沒有為股東賺進一塊錢，顯然，這是一家蝕老本企業。

96年的情況又如何呢？除了96年第二季每股賺了0.17元外，也全都是負值。可是，從股價月線圖來看，96年中旬卻開始一路狂飆。為什麼？

答案就在農林有豐沛的土地資產：96年油價上漲、建材漲、房地產因具有保值特性，持有大批土地的企業讓投資人有莫大的想像空間，而台幣在96年也大大的升值，擁有大量台幣資產的企業，什麼事都不用做就可享新台幣增值的財富，更遑論擁有大批土地、不動產了。

國內除了像農林這種純資產股外，早期經營食品的業者因為要設廠的關係也購置了不少的土地，雖然這些企業後來在市場與成本的考量下將生產線外移，不過，還是有很多企業並沒有把國內龐大的資產

處理掉，在通膨與新台幣升值的利多題材下，股價往往都有大行情。

小心以PBR為題材的投機股

企業本身尚未出現穩定的獲利模式，股票卻因持有資產而使股價急劇上漲，這種因為「題材」與「想像空間」堆疊出來的人氣，能夠為股價支撐多久？是投資人需要認真思考的問題。

話說回來，股價，終於還是得回到基本面，如果企業的成長性沒有同時提高，只靠題材支撐，風險是相當高的。而購買這類股票投資的方法，一種是採低PBR投資法，以農林而言擁有4000頃的土地，平日股價只有淨值的0.7左右，不管它的未來如何，就是早早買來擺著，風水輪流轉總有一天等到你；另一個方法是跟著投機作手搶賺差價，跟一波行情後立刻閃人！

當台幣升值時就會出現資產題材

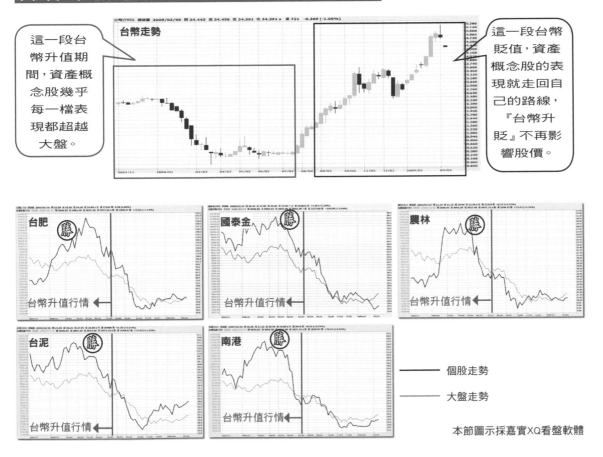

這一段台幣升值期間，資產概念股幾乎每一檔表現都超越大盤。

這一段台幣貶值，資產概念股的表現就走回自己的路線，『台幣升貶』不再影響股價。

—— 個股走勢
—— 大盤走勢

本節圖示採嘉實XQ看盤軟體

台幣變貴受惠族

新台幣匯率上升，資產、營建、觀光、金融等內需型產業會跟著行情看俏。
因受題材影響行情變好也會受題材影響行情變壞。所以，要深入理解原因才能掌握行情。

第五節　股利 ① **認識股利**

股票投資有兩個令人期待的收益。一個是股價上漲後的上漲利益。另一個是獲得每年企業發給股東的分紅。前者叫做capitalgain，後者叫做incomegain。

股利計算方式

一般銀行存款、債券等金融商品的利率計算方式是以一年為基準，把利息除以本金就是利率。例如存入100萬元一年後得到3萬元利息，利率就為3萬元÷100萬元=3％。

股票分紅也是一樣的，以台積電為例，97.3.21日台積電的股價是64.8元，買進一張台積電要6萬4,800(先不考慮稅金與手續費)，以96年度的配股資料為參考，台積電每股配發3元股利，等於是如果持有台積電股票並參與除權，就能獲得3仟元現金。換算成利率的話就是3,000/6萬4,800，利率是4.69％。

以上這種計算方式，也就是股市常聽到的「殖利率」計算的方法。

投資股票獲得分紅跟銀行存款獲得利息很明顯的不同點在於——

存款一定要等到一年才能取得利息，但股票投資有所謂的「除權息日」，在除權息日之前買進股票就能取得企業所配發的分紅股利。例如，台積電的除權息日是96/6/20日，不管你是在這一天的三個月前買進或是三天前買進即使是6/19日買進股票，也能獲得股息(但是，不是立刻馬上拿得到現金，通常是兩個月左右，依公司公告為準。)

公司對於股利發放的決策是由董事會決定的，所謂的股利政策是企業階層對公司未來經營計畫的具體表現。如果把公司一整年所賺來的錢扣除掉法定必須保留的盈餘後全部都發還給股東當成股利，可以稱董事會採取了「高股利政策」；如果董事會決議把賺來的錢大部份保留當成保留盈餘的話，就是採取了「低股利政策」。

現金紅利發放的比率

一般來說，正在成長的公司大都將現金再投入新的設備，因此沒有現金可以發紅利，而成熟的企業由於市場穩定所需新投資不多，所以會剩下很多現金，因此大部分成熟穩定企業都會發放現金股利。

股利（台積電範例）

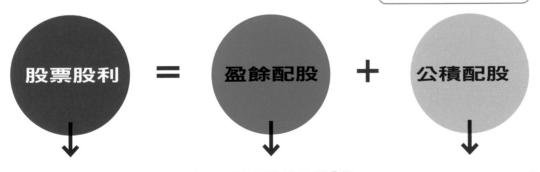

| 2330台積電 | 走勢圖　成交明細　技術分析　新聞　基本資料　籌碼分析 |

公司資料　營收……………讓　個股與美股的連動關係

> 指公司發放股利以現金形式。

> 指公司發放股利以股票形式。

公司資料

基本資料		股東會及96年配股		90年公司預估財務狀況	
產業類別	專業晶圓代工	現金股利	3.00元	預估營收	1255.63億
成立時間	76/02/21	股票股利	0.05元	預估稅前盈餘	93.53億
上市時間	83/09/05	盈餘配股	0.02元	預估稅後盈餘	132.03億
董事長	張忠謀	公積配股	0.03元		
總經理	蔡力行	股東會日期	97/06/13		

> 盈餘配股與公積配股是指股利的來源。這兩個數字加起來，會等於股票股利。

股票股利 ＝ 盈餘配股 ＋ 公積配股

◆買股票享股利是投資很重要的誘因，如果企業發3元現金股利，你得到的是真實的3元，如果企業給你3元股票，有可能這3元股票會隨市場漲價變成3元以上，或變成0元。

◆用白話來說就是採「發股票」的方式，把「去年」企業所賺到的錢(盈餘)讓股東分紅。

◆用白話來說就是用「發股票」的方式，把「去年以前」企業所賺到的錢發還給股東。

路徑 Yahoo！奇摩(http://tw.yahoo.com)股市→鍵入股號→公司基本資料

第六節　股利② 像定存一樣買進的高股息

方面是銀行利率持續低迷，許多投資態度保守的投資人從定存轉向買進配息穩定的個股。另一方面，企業若把過多的盈餘保留在公司，致使股本變大也有稀釋獲利之虞，這對即使是很「敢衝」的投資人也不見得喜歡，因此，高股利政策可以說是台股近年的主流。

選擇現金紅利穩定的個股長期投資

以投資人很熟悉的台塑為例，2007年度預估發放現金股利6.7元，台塑過去習慣每年7月發放前一年的股息，如果上班族小美在2006年7月以80元買進，現金股利收益率8.37%(6.7元/80元×100%)在銀行利息低於2%的現在，這樣的報酬不能說不好，但是如果小美是在2002年，拿她的年終獎金以每股35元買進，一直持有到參加2007年度的除息日，她該年度的現金股利收益率則高達19%。

像小美這樣，買股票認為「最重要的是分紅」而保持平靜心態長期投資的人，就可以把目標放在發放高現金股利的個股，並盡量在低價時買進，且持續持有。

股票投資最大的魅力還是股價上漲所獲取的利潤，所以像小美這樣的方式過去並不算是主流，但現在投資人也精明多了，與其一直追逐不可捉摸的股價，還不如穩定的收取確定的利益。

(1301)台塑2002~2008股價圖

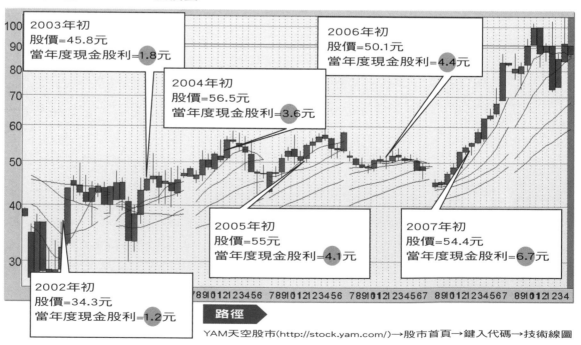

2003年初
股價=45.8元
當年度現金股利=1.8元

2006年初
股價=50.1元
當年度現金股利=4.4元

2004年初
股價=56.5元
當年度現金股利=3.6元

2005年初
股價=55元
當年度現金股利=4.1元

2007年初
股價=54.4元
當年度現金股利=6.7元

2002年初
股價=34.3元
當年度現金股利=1.2元

路徑

YAM天空股市(http://stock.yam.com/)→股市首頁→鍵入代碼→技術線圖

知名企業近年股利發放比較

公積配股
現金股利
盈餘配股

1301台塑
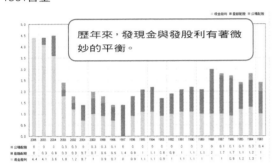

> 歷年來,發現金與發股利有著微妙的平衡。

2002中鋼
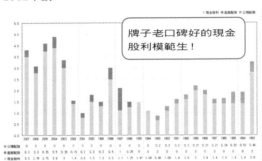

> 牌子老口碑好的現金股利模範生!

2454聯發科
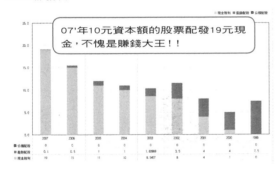

> 07'年10元資本額的股票配發19元現金,不愧是賺錢大王!!

2330台積電
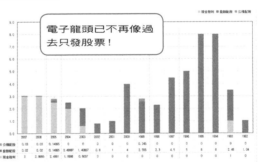

> 電子龍頭已不再像過去只發股票!

2303聯電
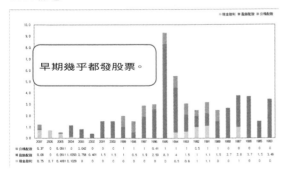

> 早期幾乎都發股票。

企業的分紅文化

從配發股利的「歷史習性」可以推測企業的文化,雖然過去的表現不能當成未來的保證,但多看幾年,還是能找出跟自己的投資風格很登對的企業。要了解各家企業每年的股利政策,公開資訊觀策站的資料最完整。要詳加比較可以如本頁的方式,先把資料用excel檔案建好,就能輕鬆的看到每年配發股利的情況了。

指標投資的好處

用投資指標買賣,而不是用股價漲跌買賣,投資操作就會理性一些。熟練投資指標能讓投資在企業業績變好時不太早賣出,而企業未來變壞時也能減少損失。

路徑 資料來源:公開資訊觀測站(http://newmops.tse.com.tw/)→輸入代碼→公司治理→股利分派情形(繪圖:編輯部)

重點是如何尋找現金股利高又穩定的個股呢？不同企業配發股利的「文化」不同，觀察三年以上若企業配發現金股利佔當年全部盈餘比重大於80％，應該就能推測這是一家傾向配發現金股利的企業。除了這個條件外，也得企業賺得到夠多的現金，配得出現金才可以，所以，選股時就看你的需求設定現金幾元以上。

隨時檢視買進的理由還在不在

即使買股計畫是長期投資也不能忽略時時檢視，當初買進股票的「理由」還在不在?目標為現金股利的投資人也一樣。

在高現金股利的魅力下買進股票後，若出現分紅減少的情況，這時候就沒有必要繼續持有股票了。

一般來說，有能力創造足夠的現金以因應高股息所需的大量現金支出，這類型的企業在財務面也較健全，這種企業具有較高的流動比率和較低的負債比，對走「穩健派」的投資人而言，是屬於相對安全的標的，而這些企業也同樣具有股價增值的潛力，像中鋼、中華電、台塑等這類企業，平均每年發4元左右的現金股利，不但一般「定存型」的散戶愛，就連外資、法人也十分青睞。

如何投資高股息個股

當然，高股息企業最令人有疑慮的就是企業每年把賺來的錢大部份讓股東們以現金方式拿走了！這是否也意味著經營團隊已經很滿足目前的經營狀況，沒有進一步擴大營運的計畫了呢？所以，想要以高股息為選股指標，有以下的建議：

1.切莫只看了今年可配發高股息，而不考慮基本面。產業是否仍持續有競爭力，要慎選。這個公式你一定要清楚:股息報酬率=現金股息／你買進的成本。而你今年所取得的股息其實是去年所賺進的，若你要長期投資，就得看明年、後年甚至是大後每是否仍能持續賺進現金。如此，分母才能維持一定的水準。分子是你買進的成本，愈低對你愈有利，所以，要選擇本益比低的時候買進。投資人是很現實的，如果未來不看好難保除權息後，無法順利填權填息還跌得一蹋糊塗。因此，有可能只賺一點點股利，反而賠了大差價。

2.高股息企業通常財務體質好，但遇到大環境利空消息打壓行情時，股價也會跟著滑落，所以，聰明的投資人應該趁這種外部因素引起的股災而買進個股，可以股利、價差兩頭賺。

3.台股除權息通常在第二季，但經驗上高股息個股最佳的買點在第一季(或許是這種股票到第二季很多人都想起它的好！通常股價到了第二季就會比較貴)。

除權除息、填權填息

除權除息的產生是因為投資人在除權除息日之前與除權除息當天購買兩者買到的是同一家公司的股票，但是內含的權益不同，因此，必須在除權除息日當天向下調整股價，成為除權除息參考價。

除息(除權)交易日前後會留下價位缺口，如果除息(除權)後股價上升將該價位缺口填滿，就是填息(填權)。

4.產業龍頭股搭配高股息更安全。

5.不一定要像短線投資人把技術分析練到滾瓜，但掌握住技術分析大原則能讓進場的成本降低。

6.連一點點風險都會讓自己睡不著的，應該避開買進電子類股，像是聯發科、華碩、大立光等等雖然每年也能配很高的現金股息，但這一類科技股受景氣影響很大，就算賺得到企業配出來的現金紅利也難保股價(本金)損失。若真要買這一類股，一定要趁股價超跌時才能出手。

不想費心挑選高股息的投資人，也可以用最簡便的ETF投資，以跟蹤指數的方式買「一籃子」的高股息概念股，或是交由基金經理人操作。例如，寶來台灣高股息ETF。

寶來台灣高股息ETF是從台灣50指數與台灣中型100指數中的150檔市值最大的成份股中，再挑選未來一年預估現金股利殖利率最高的前30檔個股做為投資標的。不同於一般以市值為權值，這檔ETF權重是以現金股利率加權計算，簡單來講就是現金股息率越高的個股投資權重就愈高。此外，它的投資標的並非投資人刻板印象只侷限傳統產業，成份股遍及17個產業。

想要一網打盡高股息概念股也可以交給基金，例如94年由安泰ING所發行的台灣高股息基金也是選項，從下圖的比較可知相對於大盤，這兩檔「高股息」表現均在大盤之上。

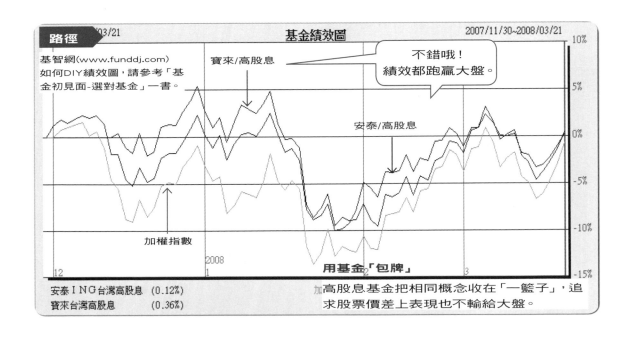

| 安泰ＩＮＧ台灣高股息 | (0.12%) |
| 寶來台灣高股息 | (0.36%) |

高股息基金把相同概念收在「一籃子」，追求股票價差上表現也不輸給大盤。

台股誰是老牌又超穩的"定存概念股"?

所謂的定存概念股一則是必需賺到股息,再者股價要能除息後順利填息才是王道,如何能提高定存概念股填息的機率,就必需在未來一年(最好是未來三年)的盈餘有成長,如此才真的是賺到利息的「定存概念」。未來的事誰也沒有把握,但從過去長期個股的表現,可以較高機率的推論未來表現應該也差不多。本文歸納台股30檔定存概念的績優生提供給讀者為參考。

路徑 ▶ yam-股市(www.money.yam.com)
輸入股號→基本分析→股利政策

恆 義 4205 股利政策

年度	除權日期	除息日期	現金股利(元)	股票股利(元)			股利合計(元)
				盈餘配股	公積配股	合計	
2009	--	--	--	--	--	--	--
2008	--	--	1.50	--	--	--	1.50
2007	--	20080715	1.50	--	--	--	1.50
2006	--	20070626	1.50	--	--	--	1.50
2005	20060814	20060814	0.50	0.90	--	0.90	1.40
2004	--	20050704	1.20	--	--	--	1.20
2003	--	20040712	1.40	--	--	--	1.40
2002	20030710	20030710	1.50	0.50	--	0.50	2.00
2001	--	20020617	1.00	--	--	--	1.00

大 田 8924 股利政策

年度	除權日期	除息日期	現金股利(元)	股票股利(元)			股利合計(元)
				盈餘配股	公積配股	合計	
2009	--	--	--	--	--	--	--
2008	--	--	--	--	--	--	--
2007	20080618	20080618	6.00	0.05	0.05	0.10	6.10
2006	20070613	20070613	6.00	0.05	0.05	0.10	6.10
2005	20060622	20060622	5.60	0.50	0.50	1.00	6.60
2004	20050628	20050628	4.50	0.50	0.50	1.00	5.50
2003	20040706	20040706	4.00	0.50	--	0.50	4.50
2002	20030910	20030701	3.20	1.00	--	1.00	4.20
2001	20020711	20020711	1.80	2.00	--	2.00	3.80

國泰金 2882 股利政策

年度	除權日期	除息日期	現金股利(元)	股票股利(元)			股利合計(元)
				盈餘配股	公積配股	合計	
2009	--	--	--	--	--	--	--
2008	--	--	--	--	--	--	--
2007	20080730	20080702	2.50	0.50	--	0.50	3.00
2006	--	20070705	1.50	--	--	--	1.50
2005	20060808	20060711	1.49	0.50	--	0.50	1.99
2004	--	20050705	2.50	--	--	--	2.50
2003	--	20040701	2.00	--	--	--	2.00
2002	--	20030703	1.50	--	--	--	1.50
2001	--	20020718	1.50	--	--	--	1.50

台灣大 3045 股利政策

年度	除權日期	除息日期	現金股利(元)	股票股利(元)			股利合計(元)
				盈餘配股	公積配股	合計	
2009	--	--	--	--	--	--	--
2008	--	--	4.70	--	--	--	4.70
2007	--	20080701	2.54	--	--	--	2.54
2006	--	20070718	2.59	--	--	--	2.59
2005	--	20060713	2.62	--	--	--	2.62
2004	--	20050714	2.47	--	--	--	2.47
2003	--	20040722	2.38	--	--	--	2.38
2002	20030815	20030815	2.00	0.40	--	0.40	2.40
2001	20020920	20020514	1.90	1.90	--	1.90	3.80

中 碳 1723 股利政策

年度	除權日期	除息日期	現金股利(元)	股票股利(元)			股利合計(元)
				盈餘配股	公積配股	合計	
2008	--	--	--	--	--	--	--
2007	20080724	20080724	5.00	0.50	--	0.50	5.50
2006	20070730	20070730	4.30	0.50	--	0.50	4.80
2005	20060728	20060728	4.20	0.30	--	0.30	4.50
2004	20050718	20050718	4.50	0.20	--	0.20	4.70
2003	20040624	20040624	3.60	0.20	--	0.20	3.80
2002	20030717	20030717	2.40	0.20	--	0.20	2.60
2001	20020802	20020802	2.10	0.50	--	0.50	2.60

年 興 1451 股利政策

年度	除權日期	除息日期	現金股利(元)	股票股利(元)			股利合計(元)
				盈餘配股	公積配股	合計	
2008	--	--	--	--	--	--	--
2007	--	20080611	1.50	--	--	--	1.50
2006	--	20070712	1.70	--	--	--	1.70
2005	--	20060824	1.50	--	--	--	1.50
2004	--	20050630	2.00	--	--	--	2.00
2003	--	20040615	2.20	--	--	--	2.20
2002	--	20030602	2.20	--	--	--	2.20
2001	--	20020521	2.00	--	--	--	2.00

大豐電 6184 股利政策

年度	除權日期	除息日期	現金股利(元)	股票股利(元)			股利合計(元)
				盈餘配股	公積配股	合計	
2008	--	--	--	--	--	--	--
2007	--	20080724	3.30	--	--	--	3.30
2006	--	20070726	3.00	--	--	--	3.00
2005	--	20060726	3.00	--	--	--	3.00
2004	--	20050726	3.00	--	--	--	3.00
2003	20040916	20040630	1.50	1.50	--	1.50	3.00
2002	--	20030610	2.80	--	--	--	2.80
2001	--	20020429	2.00	--	--	--	2.00

台塑 1301 股利政策

年度	除權日期	除息日期	現金股利(元)	股票股利(元)			股利合計(元)
				盈餘配股	公積配股	合計	
2008	--	--	--	--	--	--	--
2007	--	20080708	6.70	--	--	--	6.70
2006	--	20070703	4.40	--	--	--	4.40
2005	20060705	20060705	4.10	0.30	--	0.30	4.40
2004	20050622	20050622	3.60	0.90	--	0.90	4.50
2003	20040615	20040615	1.80	0.30	0.30	0.60	2.40
2002	20030701	20030612	1.20	0.30	0.30	0.60	1.80
2001	20020705	20020613	0.70	0.70	--	0.70	1.40

台壽保 2833 股利政策

年度	除權日期	除息日期	現金股利(元)	股票股利(元)			股利合計(元)
				盈餘配股	公積配股	合計	
2009	--	--	--	--	--	--	--
2008	--	--	--	--	--	--	--
2007	20080918	20080701	1.50	0.50	--	0.50	2.00
2006	20070817	20070703	2.00	1.00	--	1.00	3.00
2005	20060810	20060627	2.00	1.00	--	1.00	3.00
2004	20050811	20050628	2.00	1.00	--	1.00	3.00
2003	20040823	20040628	2.50	1.00	--	1.00	3.50
2002	20030815	20030610	2.00	--	1.00	1.00	3.00
2001	20020913	20020708	2.00	1.00	--	1.00	3.00

南亞 1303 股利政策

年度	除權日期	除息日期	現金股利(元)	股票股利(元)			股利合計(元)
				盈餘配股	公積配股	合計	
2008	--	--	--	--	--	--	--
2007	--	20080702	6.70	--	--	--	6.70
2006	--	20070711	5.00	--	--	--	5.00
2005	20060801	20060801	3.70	--	0.30	0.30	4.00
2004	20050706	20050706	3.60	--	0.60	0.60	4.20
2003	20040624	20040624	1.80	--	0.60	0.60	2.40
2002	20030731	20030626	1.20	0.20	0.40	0.60	1.80
2001	20020718	20020620	0.70	0.30	0.40	0.70	1.40

必翔 1729 股利政策

年度	除權日期	除息日期	現金股利(元)	股票股利(元)			股利合計(元)
				盈餘配股	公積配股	合計	
2008	--	--	--	--	--	--	--
2007	--	20080915	1.60	--	--	--	1.60
2006	--	20070808	2.65	--	--	--	2.65
2005	--	20060714	2.63	--	--	--	2.63
2004	20050907	20050907	2.90	0.10	--	0.10	3.00
2003	20040812	20040812	4.50	0.30	--	0.30	4.80
2002	20030903	20030903	4.00	0.50	--	0.50	4.50
2001	20021101	20021101	2.00	2.00	--	2.00	4.00

裕融 9941 股利政策

最後更新

年度	除權日期	除息日期	現金股利(元)	股票股利(元)			股利合計(元)
				盈餘配股	公積配股	合計	
2008	--	--	--	--	--	--	--
2007	--	20080723	1.70	--	--	--	1.70
2006	--	20070717	1.50	--	--	--	1.50
2005	--	20060711	2.30	--	--	--	2.30
2004	--	20050706	2.70	--	--	--	2.70
2003	20040720	20040720	2.00	0.40	--	0.40	2.40
2002	--	20030626	2.00	--	--	--	2.00
2001	20020718	20020718	2.00	0.70	--	0.70	2.70

永記 1726 股利政策

年度	除權日期	除息日期	現金股利(元)	股票股利(元)			股利合計(元)
				盈餘配股	公積配股	合計	
2009	--	--	--	--	--	--	--
2008	--	--	--	--	--	--	--
2007	20080724	20080724	2.00	0.13	--	0.13	2.13
2006	--	20070709	2.50	--	--	--	2.50
2005	--	20060718	2.20	--	--	--	2.20
2004	--	20050714	2.50	--	--	--	2.50
2003	--	20040719	2.00	--	--	--	2.00
2002	20030729	20030729	2.00	0.24	--	0.24	2.24
2001	--	20020711	2.00	--	--	--	2.00

福興 9924 股利政策

年度	除權日期	除息日期	現金股利(元)	股票股利(元)			股利合計(元)
				盈餘配股	公積配股	合計	
2009	--	--	--	--	--	--	--
2008	--	--	--	--	--	--	--
2007	--	20080723	1.50	--	--	--	1.50
2006	--	20070718	2.50	--	--	--	2.50
2005	--	20060719	4.00	--	--	--	4.00
2004	20050719	20050719	1.20	0.10	--	0.10	1.30
2003	--	20040723	1.75	--	--	--	1.75
2002	--	20030627	1.36	--	--	--	1.36
2001	20020716	20020716	2.00	0.50	--	0.50	2.50

華 城 1519 股利政策

年度	除權日期	除息日期	現金股利(元)	股票股利(元)			股利合計(元)
				盈餘配股	公積配股	合計	
2008	--	--	--	--	--	--	--
2007	20080929	20080929	2.00	0.50	--	0.50	2.50
2006	--	20070821	1.29	--	--	--	1.29
2005	--	20050802	0.34	--	--	--	0.34
2004	--	--	--	--	--	--	--
2003	--	20040824	0.15	--	--	--	0.15
2002	--	20030807	0.40	--	--	--	0.40
2001	20020808	20020808	0.70	--	--	--	0.70

大統益 1232 股利政策

年度	除權日期	除息日期	現金股利(元)	股票股利(元)			股利合計(元)
				盈餘配股	公積配股	合計	
2009	--	--	--	--	--	--	--
2008	--	--	2.40	--	--	--	2.40
2007	--	20080716	2.60	--	--	--	2.60
2006	--	20070717	2.00	--	--	--	2.00
2005	--	20060704	1.60	--	--	--	1.60
2004	--	20050706	1.20	--	--	--	1.20
2003	--	20040708	1.60	--	--	--	1.60
2002	--	20030715	1.80	--	--	--	1.80
2001	20020725	20020725	1.20	0.60	--	0.60	1.80

中 鋼 2002 股利政策

年度	除權日期	除息日期	現金股利(元)	股票股利(元)			股利合計(元)
				盈餘配股	公積配股	合計	
2008	--	--	--	--	--	--	--
2007	20080724	20080724	3.50	0.30	--	0.30	3.80
2006	20070726	20070726	2.78	0.30	--	0.30	3.08
2005	20060726	20060726	3.75	0.35	--	0.35	4.10
2004	20050726	20050726	3.90	0.50	--	0.50	4.40
2003	20040723	20040723	3.00	0.35	--	0.35	3.35
2002	20030724	20030724	1.40	0.15	--	0.15	1.55
2001	20020725	20020725	0.80	0.20	--	0.20	1.00

中聯資 9930 股利政策

年度	除權日期	除息日期	現金股利(元)	股票股利(元)			股利合計(元)
				盈餘配股	公積配股	合計	
2008	--	--	--	--	--	--	--
2007	20080724	20080724	2.40	0.30	--	0.30	2.70
2006	20070807	20070807	2.47	0.30	--	0.30	2.77
2005	20060810	20060810	2.69	0.30	--	0.30	2.99
2004	20050727	20050727	2.00	0.40	--	0.40	2.40
2003	--	20040629	1.38	--	--	--	1.38
2002	--	20030626	1.00	--	--	--	1.00
2001	--	20020627	0.85	--	--	--	0.85

巨 大 9921 股利政策

年度	除權日期	除息日期	現金股利(元)	股票股利(元)			股利合計(元)
				盈餘配股	公積配股	合計	
2008	--	--	--	--	--	--	--
2007	20080807	20080807	3.00	0.50	--	0.50	3.50
2006	--	20070808	3.00	--	--	--	3.00
2005	--	20060803	3.00	--	--	--	3.00
2004	--	20050718	3.00	--	--	--	3.00
2003	--	20040707	3.00	--	--	--	3.00
2002	--	20030703	2.00	--	--	--	2.00
2001	20020802	20020802	1.00	0.70	--	0.70	1.70

統一超 2912 股利政策

年度	除權日期	除息日期	現金股利(元)	股票股利(元)			股利合計(元)
				盈餘配股	公積配股	合計	
2008	--	--	--	--	--	--	--
2007	--	20080731	3.20	--	--	--	3.20
2006	--	20070802	3.50	--	--	--	3.50
2005	--	20060720	3.40	--	--	--	3.40
2004	--	20050721	3.00	--	--	--	3.00
2003	20040811	20040811	2.64	0.66	--	0.66	3.30
2002	20030812	20030812	1.78	1.12	--	1.12	2.90
2001	20020814	20020814	1.12	1.13	--	1.13	2.25

中 鼎 9933 股利政策

年度	除權日期	除息日期	現金股利(元)	股票股利(元)			股利合計(元)
				盈餘配股	公積配股	合計	
2008	--	--	--	--	--	--	--
2007	20080828	20080828	1.74	0.12	--	0.12	1.86
2006	20070823	20070823	1.32	0.21	--	0.21	1.53
2005	20060824	20060824	1.00	0.08	--	0.08	1.08
2004	20050824	20050824	0.70	0.10	--	0.10	0.80
2003	20040824	20040824	1.12	0.10	--	0.10	1.22
2002	--	20030709	1.00	--	--	--	1.00
2001	--	20020718	1.18	--	--	--	1.18

遠 傳 4904 股利政策

年度	除權日期	除息日期	現金股利(元)	股票股利(元)			股利合計(元)
				盈餘配股	公積配股	合計	
2009	--	--	--	--	--	--	--
2008	--	--	--	--	--	--	--
2007	--	20080812	3.10	--	--	--	3.10
2006	--	20070724	3.10	--	--	--	3.10
2005	--	20060613	3.10	--	--	--	3.10
2004	--	20050720	3.00	--	--	--	3.00
2003	20040812	20040812	1.40	0.46	0.54	1.00	2.40
2002	20030717	20030717	1.30	1.69	0.01	1.70	3.00
2001	20020807	20020807	1.00	2.10	0.10	2.20	3.20

和泰車 2207 股利政策

年度	除權日期	除息日期	現金股利 (元)	股票股利(元)			股利合計 (元)
				盈餘配股	公積配股	合計	
2008	--	--	--	--	--	--	--
2007	--	20080703	4.20	--	--	--	4.20
2006	--	20070703	4.20	--	--	--	4.20
2005	--	20060704	5.50	--	--	--	5.50
2004	--	20050705	4.00	--	--	--	4.00
2003	--	20040708	2.50	--	--	--	2.50
2002	--	20030707	1.80	--	--	--	1.80
2001	--	20020709	1.50	--	--	--	1.50

中 保 9917 股利政策

年度	除權日期	除息日期	現金股利 (元)	股票股利(元)			股利合計 (元)
				盈餘配股	公積配股	合計	
2008	--	--	--	--	--	--	--
2007	--	20080717	3.50	--	--	--	3.50
2006	--	20070719	3.00	--	--	--	3.00
2005	20060814	20060725	2.50	--	0.10	0.10	2.60
2004	20050914	20050718	2.20	0.20	--	0.20	2.40
2003	--	20040701	2.00	--	--	--	2.00
2002	20030725	20030725	1.60	--	0.40	0.40	2.00
2001	20020808	20020808	1.50	0.50	--	0.50	2.00

鴻 海 2317 股利政策

年度	除權日期	除息日期	現金股利 (元)	股票股利(元)			股利合計 (元)
				盈餘配股	公積配股	合計	
2009	--	--	--	--	--	--	--
2008	--	--	0.80	1.50	--	1.50	2.30
2007	20080916	20080916	3.00	1.50	--	1.50	4.50
2006	20070827	20070827	3.00	2.00	--	2.00	5.00
2005	20060817	20060817	3.00	2.00	--	2.00	5.00
2004	20050902	20050902	2.45	1.96	--	1.96	4.40
2003	20040823	20040823	2.00	1.50	--	1.50	3.50
2002	20030807	20030807	1.50	2.00	--	2.00	3.50
2001	20020723	20020723	1.50	1.50	--	1.50	3.00

美利達 9914 股利政策

年度	除權日期	除息日期	現金股利 (元)	股票股利(元)			股利合計 (元)
				盈餘配股	公積配股	合計	
2008	--	--	--	--	--	--	--
2007	--	20080806	2.80	--	--	--	2.80
2006	--	20070725	1.80	--	--	--	1.80
2005	--	20060725	1.70	--	--	--	1.70
2004	20050818	20050818	0.60	0.60	--	0.60	1.20
2003	--	20040728	0.50	--	--	--	0.50
2002	--	20030717	0.28	--	--	--	0.28
2001	--	--	--	--	--	--	--

帝 寶 6605 股利政策

年度	除權日期	除息日期	現金股利 (元)	股票股利(元)			股利合計 (元)
				盈餘配股	公積配股	合計	
2009	--	--	--	--	--	--	--
2008	--	--	--	--	--	--	--
2007	--	20080922	5.82	--	--	--	5.82
2006	--	20070821	5.48	--	--	--	5.48
2005	20060831	20060831	6.00	0.50	--	0.50	6.50
2004	20050728	20050728	5.96	0.50	--	0.50	6.46
2003	20040617	20040617	4.00	1.00	--	1.00	5.00
2002	20030714	20030714	2.50	2.00	--	2.00	4.50
2001	20020813	20020813	0.50	2.00	--	2.00	2.50

聚 陽 1477 股利政策

年度	除權日期	除息日期	現金股利 (元)	股票股利(元)			股利合計 (元)
				盈餘配股	公積配股	合計	
2008	--	--	--	--	--	--	--
2007	--	20080623	5.97	--	--	--	5.97
2006	20070726	20070711	4.64	--	0.49	0.49	5.13
2005	--	20060706	3.74	--	--	--	3.74
2004	20050727	20050727	3.10	--	0.50	0.50	3.60
2003	20040720	20040720	3.70	0.50	1.00	1.50	5.20
2002	20030813	20030813	2.80	1.00	1.00	2.00	4.80
2001	20020625	20020612	2.20	1.80	1.00	2.80	5.00

中 橡 2104 股利政策

年度	除權日期	除息日期	現金股利 (元)	股票股利(元)			股利合計 (元)
				盈餘配股	公積配股	合計	
2008	--	--	--	--	--	--	--
2007	--	20080818	2.00	--	--	--	2.00
2006	--	20070814	1.20	--	--	--	1.20
2005	--	20060904	1.05	--	--	--	1.05
2004	20050905	20050905	0.42	0.28	--	0.28	0.70
2003	--	--	--	--	--	--	--
2002	20030901		--	0.30	--	0.30	0.30
2001	20020816		--	0.40	--	0.40	0.40

明 安 8938 股利政策

年度	除權日期	除息日期	現金股利 (元)	股票股利(元)			股利合計 (元)
				盈餘配股	公積配股	合計	
2009	--	--	--	--	--	--	--
2008	--	--	--	--	--	--	--
2007	20080725	20080725	4.47	0.20	--	0.20	4.67
2006	20070725	20070725	4.53	0.20	--	0.20	4.73
2005	20060801	20060623	4.10	0.50	--	0.50	4.60
2004	20050804	20050804	5.15	0.50	--	0.50	5.65
2003	20040607	20040607	4.00	2.00	--	2.00	6.00
2002	20030731	20030731	4.00	0.50	--	0.50	4.50
2001	20020731	20020731	2.50	0.50	--	0.50	3.00

第七節 股利③ 定存股：夠低價才是王道！

前一節提簡單提到，即使購買高股息類型的股票，也要趁「本益比低」時買進，投資人對「低價買進」可能不怎麼有感覺，本文舉兩家股票的投資為範例。

假設你在2003年年初同時以11.3元買進合晶(6182)和以10.2元買進高林(2906)，在當時這兩家企業都屬於本益比偏低族群，而且股價也很低價，而他們共同的特色都是殖利很高，假設投資人小美當初買下這兩檔股票的考量點都是看上他們的高殖利率與低本益比。如此經過了4、5年，高林在股價的表現上並不出色，

這麼長的時間股價仍在10元上下，但現金配息卻一直相當穩定，報酬率有6~7%，若是當初買進100萬元股票，每一年約可以配到7萬以上的現金;而另一檔股票就不一樣了，當初若以100萬買到合晶，除了每一年有現金紅利之外，股價還上漲了將近10倍，也就是100萬變成1000萬。

其實，市場上有一些不起眼的低價股，雖然知名度不如傳統的「高股息個股」如台塑、中鋼之流配發現金紅利多，但因為股價偏低，算一算殖利率反而來得好。如果產業有成長性，且投資人願意長期持有這些股票，運氣好遇到大幅上漲的

殖利率

殖利率簡單說就是每股現金股利除以每股現價。

也就是該檔股票的獲利比率，比率愈高就是獲利能力愈好。一般講的獲利比率是包括股票股利與現金股利，但殖利率則只就現金股利計算。例如。台積電95年6月19日股價是59.4，現金股利是2.5元，殖利率是：

$$\frac{2.5}{59.4}=4.2\%$$

本篇範例股價採當年度開盤第一天收盤價、現金配息採當年度股利政策，殖利率計算方式為:現金配息/股價

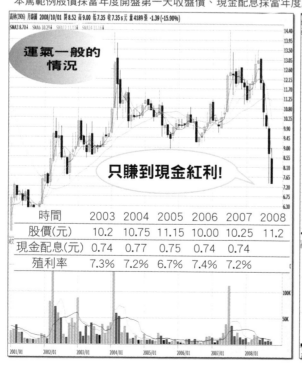

時間	2003	2004	2005	2006	2007	2008
股價(元)	10.2	10.75	11.15	10.00	10.25	11.2
現金配息(元)	0.74	0.77	0.75	0.74	0.74	
殖利率	7.3%	7.2%	6.7%	7.4%	7.2%	

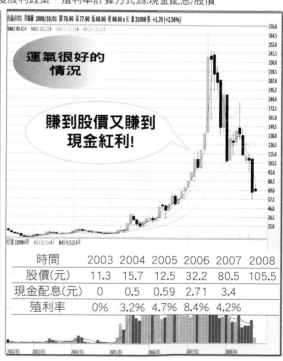

時間	2003	2004	2005	2006	2007	2008
股價(元)	11.3	15.7	12.5	32.2	80.5	105.5
現金配息(元)	0	0.5	0.59	2.71	3.4	
殖利率	0%	3.2%	4.7%	8.4%	4.2%	

時機,輕鬆的獲利就不難。以2009年2月的資料為例,因為受到金融海嘯影響股價偏低,殖利率高達9.77%,就算過去國內股市的平均殖利率也在4~5%左右。所以,只要捉住低價時間點進場買進高股息個股,要穩當獲利並不難事。

當對的,若股價貴時買進,即使個股能配出好股息也不易獲利。以95年台積電為例,當年度配發的現金股利是有史以來最高的,換算成除息當月月底的股價現金股利的殖利率約在4.2%。投資人從參加除息到領到股息短短的時間就能配到那麼高的回報利潤算是相當優渥,不過,接下

來的日子股價並沒有相對的亮麗,反而是跌了好一大段而且時間不短。

因此如果把配息當成是長期投資的「副產品」,是否會更好呢?畢竟,以配息最高的也不過就是3%~5%,但股票價格變動卻可以一下子變動5%!雖然前文比較了投資股票與銀行利息的關係,但股票配息畢竟和存款利息還是不一樣。除息後的第二天參考價就會往下調整,而且,股價是否有實力順利填權填息也還是未知數,所以,把股票的配息當成利息收益並不完全合理。

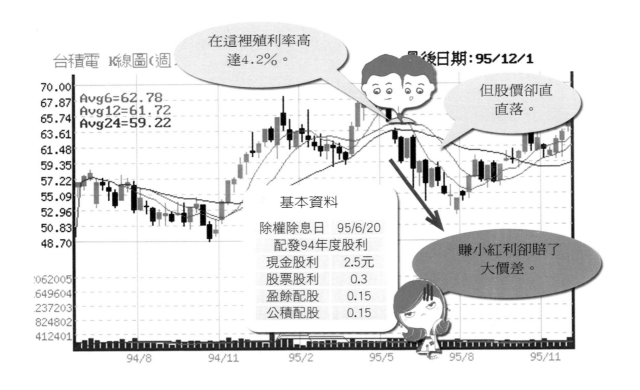

第八節　財務健康嗎？先看股東權益比率

本書談到很多投資指標，指標可以說是企業表現出來的「結果」，也就是說，看到指標就能了解：這家公司很會賺錢或者很不會賺錢＋投資人願意用很貴的錢去買?或是投資人不想用太多的錢買?接下來本文所要講的投資指標是企業「家裡頭」的財務狀況。

首先要認識「股東權益比率」。

股東權益比率是判斷企業財務健全性的指標。企業所持有的總資產中(包括：現金、存款、工廠、設備、土地、建築物、庫存資產等)不需要向別人償還的自有資本比率。

這個比率越大，說明企業的健全性越高。反之，若企業必須償還的負債很多，股東權益比率數值小，企業的財務健全性就比較低。

股東權益比率低，相對的就是負債比率高，等於企業的營運大量仰賴外面借款，負債高的企業缺點至少有兩項，一方面賺來的錢要付利息，另一方面，財務的穩健度也有疑慮，萬一營收業績接不上來就可能周轉不靈。

股東權益比率的計算方法

進一步了解股東權益，先回來看前文提過但在這裡多加一個「t」的方程式——

資產t＝負債t＋股東權益t

t代表的是時間，那麼第t期的股東權益要如何計算呢？

股東權益 t

＝股東權益 t-1

＋淨利 t

－現金股利 t

＋現金增資及股票認購活動 t

－買回公司股票 t

＋／－其他調整項目 t

> 重點是記住這裡！也就是本期的股東權益，是前一期的股東權益再加上(減掉)本期能產生多少淨利。

這個方程式投資人瞄一眼就好不用背下來，因為數字在公開資訊觀測站都找得到，但為求充份理解，本文分A、B兩大點解釋：

A.本期的股東權益是以上一期的股東權益為基礎，當本期有淨利產生，股東權益會增加；相對若本期淨利是負值時，本期的股東權益就減少。簡單來說，資本負債表中的「股東權益」是看「損益表」中本期淨利的臉色！所以公式的開頭就是：

股東權益t＝股東權益t-1＋淨利t……

B.以下5點是次要的部份，它也會影響本期股東權益——

1.本期若發現金股利股東權益減少。

2.辦理現金增資股東權益增加。

3.經理人執行股票選擇權，股東權益

會增加。

4.買回庫藏股股東權益會減少。

5.有些會計科目調整,不經損益表直接影響當期的股權如匯率變化產生的未實現損失、長期股權投資未實現的跌價損失等等。這就是公式後面那一長串的東西。

股東權益比率過低的企業要避免

投資人最不想見到的是所投資的股票變成了廢紙。為了避免這種狀況的發生,要避開股東權益比率過低的企業。如果出現債務超過資產時,就算解散企業賣掉企業的總資產來償還負債,還是償還不完負債。這種「資不抵債」的企業,投資人要儘量避免。

不過,也是有債務超過資產的企業在經過一段時間的重整後又起死回生的。

但是作為一般的投資人還是把債務超過的企業總資產排除在投資物件之外比較妥當。

股東權益比率計算

$$股東權益比率 = \frac{股東權益合計}{資產合計}$$

聯發科96年度第三季資產負債表

資產合計 912億2,100萬	負債合計 120億4,710萬
	股東權益合計 791億7,359萬

股東權益比率=86%
負債比率=14%

這家企業負債比很低,顯然,並沒有大舉債經營。

庫藏股

企業發行股票後,再從市場上買回那些已發行的股票,而那些「被買回的股票」即稱為庫藏股。

企業會買回庫藏股,通常是股價跌得很深,企業在此時買回自家股票,一來可以減緩股價跌勢,二來可以減少公司流通在外的股數,有提升每股盈餘的作用。

第九節　ROE ① 有效運用資本了嗎？看ROE

企業是否有效率的運用了自己的資本？理解這個問題最具代表性的財務指標是股東權益報酬率ROE(Return On Equity)。ROE用白話說就是：企業在一年內平均用自己的每一塊錢幫股東賺了多少錢。舉例發發企業96年稅後淨利是5億元，從95年與96年的資產負債表中知道，它的股東權益分別是25億、35億，發發企業96年度的ROE就是16.66%【5億/(25億+35億)/2】。ROE越高，表示企業越有效利用了股東的資本（資本效率高）。

跟國內的情況不同的是，外國投資人非常重視ROE，被喻為股神的巴菲特即是擁護ROE指標最典型的代表。1987年巴菲特在給股東的報告書中明白的指出，他不會因為股價的上漲，或是因為持有股票已經有一段時間了而賣出股票「只要企業的

ROE令人滿意，管理階層正直而認真，股價也未被高估，我很願意長期持有一家公司。」巴菲特報告書中所謂「令人滿意的ROE」標準是最少連續5年ROE大於15%。

ROE為什麼要強調觀察5年呢？

ROE就像學生的成績單，如果某甲連續幾年成績都在90分以上，我們就可以比較放膽的猜他明年應該也能拿90分；如果另一位學生某乙，第一年平均考40分，第二年考80分，雖然看起來是進步了一倍，但實際上平均也只是級格邊緣，而且，一家企業若無法持續的保持經營水準，這對長期、保守的投資人而言風險是相對高的。雖然國內投資人並不習慣利用ROE，但如果你不是那麼超短線的投資人，還是能運用這個世界投資人都愛的指標中，挑出績優的「好學生」。

巴菲特與ROE

以巴菲特的標準什麼時候應該賣出呢？他指出，當股票「變壞」（ROE小於15%）、股價「變貴」（本益比大於40)就是該賣出股票的時候了。

長期觀察ROE是很合理的選股方式，我們應該相信，公司的營運情況有一定的慣性邏輯，不容易一轉眼變好也不容易一轉眼變壞。

所以，如果拿近三年度的ROE以及最近四季的ROE篩選出個股，當成是目標口袋名單，再搭配每個月公布的月營收與毛利率變化，從這裡看看企業有沒有「變壞」？趨勢是向上？還是向下？也是一種選股方法。

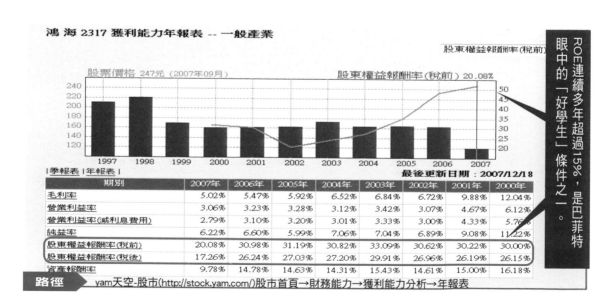

鴻海 2317 獲利能力年報表 -- 一般產業

股票價格 247元（2007年09月）　股東權益報酬率(稅前) 20.08%

ROE連續多年超過15%，是巴菲特眼中的「好學生」條件之一。

期別	2007年	2006年	2005年	2004年	2003年	2002年	2001年	2000年
毛利率	5.02%	5.47%	5.92%	6.52%	6.84%	6.72%	9.88%	12.04%
營業利益率	3.06%	3.23%	3.28%	3.12%	3.42%	3.07%	4.67%	6.12%
營業利益率(減利息費用)	2.79%	3.10%	3.20%	3.01%	3.33%	3.00%	4.33%	5.76%
純益率	6.22%	6.60%	5.99%	7.06%	7.04%	6.89%	9.08%	11.22%
股東權益報酬率(稅前)	20.08%	30.98%	31.19%	30.82%	33.09%	30.62%	30.22%	30.00%
股東權益報酬率(稅後)	17.26%	26.24%	27.03%	27.20%	29.91%	26.96%	26.19%	26.15%
資產報酬率	9.78%	14.78%	14.63%	14.31%	15.43%	14.61%	15.00%	16.18%

季報表｜年報表　最後更新日期：2007/12/18

路徑　yam天空-股市(http://stock.yam.com/)股市首頁→財務能力→獲利能力分析→年報表

第十節　ROE② 解構ROE三因子

為什麼ROE如此受國際投資者的喜愛呢？它不過就是把淨利除以股東權益的一項數值而已！？

理由是ROE經過拆解之後就變成「淨利率、總資產周轉率、股東權益乘數」三項數字的相乘(右圖的ROE拆解，是世界知名的「杜邦方程式」，投資人不必完全背下來，只要記得第1條與第4條就可以)。

ROE三因子之一：純益率(又稱：淨利率)

純益率就是「稅後損益/銷貨淨額」；毛利率就是「營業毛利/銷貨淨額」，兩者相差在那裡呢？

就是營業費用、營業外收支與稅。

營業費用的比率，大型企業有較明顯的管理優勢能降低營業費用，一般企業營業費用率差別不會很大；再來，營業外收入支出這部份主要關鍵是一次性的處分損益或轉投資，所以，如此的歸納起來，投資人只要掌握毛利變化，再稍微留意看一下上述這兩項費用(收入)就可以推測純益率會如何變化。

因此，要掌握企業競爭力，投資法人非常重視個股月營收與毛利率的變化，月營收成長、毛利成長，季結算的時候，純益就大有可能成長。雖然會因為費用或業外的影響略有出入，但是大都在可估算範圍內。

ROE三因子之二：總資產周轉率

總資產周轉率的公式是：銷貨淨額/(期初資產總額+期末資產總額)/2

也就是一塊錢的資產可以創造多少的營收。

這個倍數越大表示生產力越高，但運用這個比率需要進一步的了解行業，如果是百貨業的話，資產周轉率一定高；如果是資本密集的產業像是鋼鐵、汽車，它的總資產周轉率就比較低，雖然這個數字能直接的看出營收的成長性，但一定要跟同業相比。

ROE三因子之三：股東權益乘數

總資產除以自有資金的比率就是股東權益乘數，也稱為「財務槓桿比率」它的公式是「平均總資產除以平均總股東權益」也就是股東權益佔這家企業幾倍的意思。因為分母是「股東權益」所以，股東權益變小權益乘數變大，如果要讓股東權益變小，就表示負債要變多。

了解上述三個因子後，在這裡可以簡單的整理出，如果ROE要變高，上述三個因子數字都變大，相乘之後ROE就變高，不過，從「好不好」的角度來看，前面兩個因子(純益率、總資產周轉率)要愈大愈好，但第三個因子權益乘數就不能無限上

一次性處份

例如處分土地，賣完土地當季入帳後，只在當季的財報上秀出來，未來就不會再有了。

升，因為當企業舉債高，在相同的獲利水準下雖然ROE會提升，但負債比例高，銀行方面就得多付高利息，資金成本就上升。

所以，在分析第三個因子的時候，投資人要查看負債結構中大部份是公司債呢？還是短期借款？

公司的獲利能力能整體提升，得需要在企業還掉利息費用之後，還能為股東創造利潤才成。

集毛利、營收、財務結構的指標

ROE就是結合了毛利、營收、財務結構重要的企業獲利與安全度三個重要環節，所以全世界的投資人都看重ROE。

那麼，投資人如何運用它呢？

在選股方面，最基本的要求年度歷史ROE應該在國內平均水準(9％)之上。如果只單純的採用「每股盈餘」選股票就會忽略股本變動，而ROE則更能看出企業獲利能力。

股東權益報酬率ROE

> ROE的分母是股東權益，分子是淨利，這個指標顯示了一個企業如果不對外舉債的情況下，它促使企業成長的能力有多強。

$$= \frac{稅後損益}{平均股東權益淨額} \qquad 第1條$$

$$= \frac{稅後損益}{平均資產總額} (ROA) \times \frac{平均資產總額}{平均股東權益} \qquad 第2條$$

$$= \frac{稅後損益}{銷貨淨額} \times \frac{銷貨淨額}{平均資產總額} \times \frac{平均資產總額}{平均股東權益} \qquad 第3條$$

$$= 純益率 \times 總資產周轉率 \times 股東權益乘數 \qquad 第4條$$

ROE的三因子

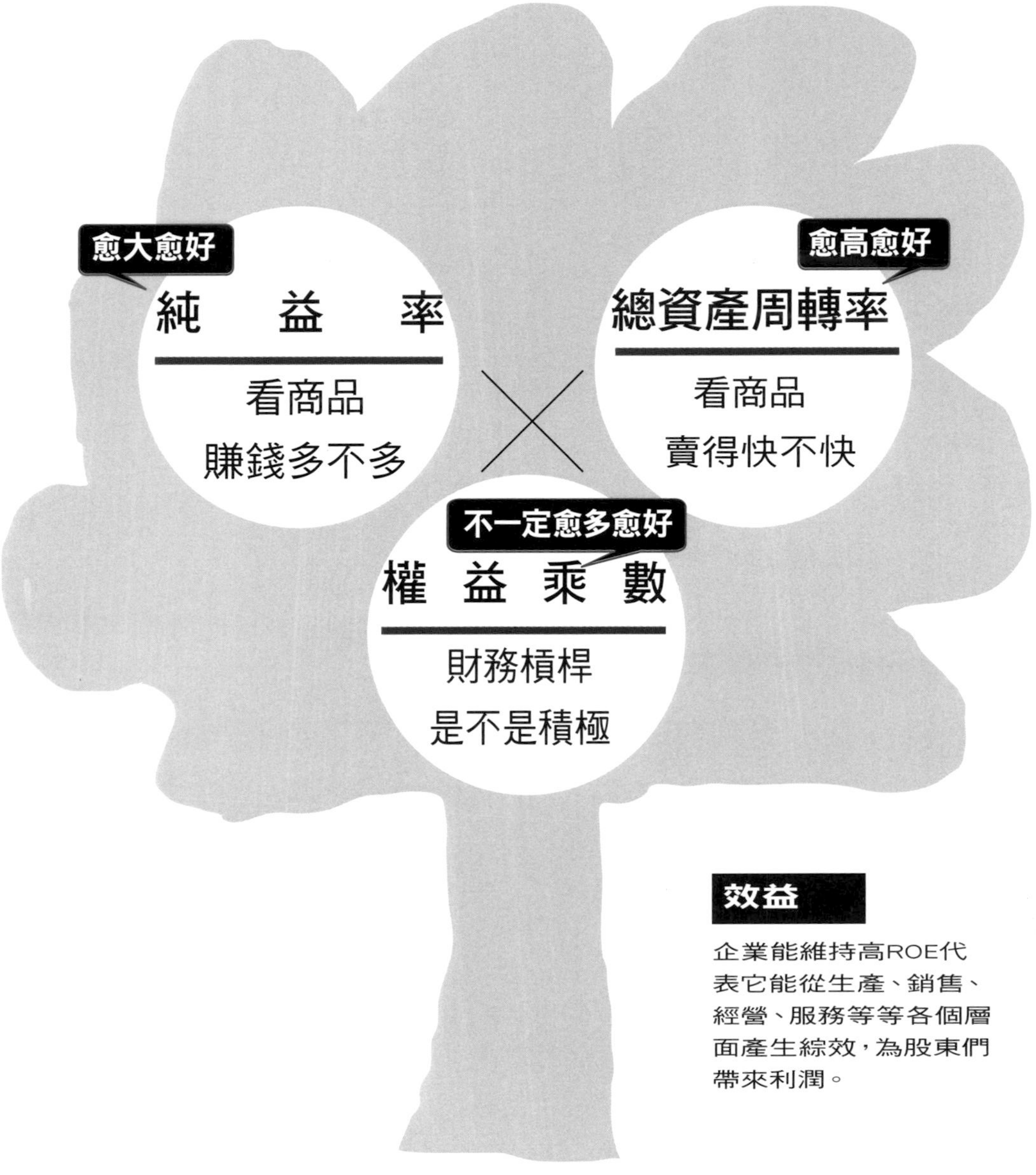

愈大愈好
純 益 率
看商品
賺錢多不多

愈高愈好
總資產周轉率
看商品
賣得快不快

不一定愈多愈好
權 益 乘 數
財務槓桿
是不是積極

效益

企業能維持高ROE代表它能從生產、銷售、經營、服務等等各個層面產生綜效,為股東們帶來利潤。

股東權益乘數

「權益乘數」是財務槓桿指標,數值愈大,表示財務槓桿程度越高。權益乘數越大代表公司營運借的錢越多,風險相對比較大;但景氣好時,權益乘數小的公司,可能沒辦法短期擴張產能享受高獲利。

杜邦方程式

杜邦方程式的命名,是因杜邦公司的經理首先發展這種方法而得。一般用於財務報表分析之中,它可以顯示投資報酬、資產週轉率與財務槓桿之間的關係。並藉由進一步的拆解,以檢視各會計項目是否有異常。

第十一節 ROE ③ ROE的比較應用

在實際運用上，ROE並不像營收成長或盈餘那麼立竿見影，以下就常見的應用面做比較：

ROE應用兩個原則

1：產業特性不同不可一起比較。

首先要舉例的是錯誤示範——

以96年度的(2330)台積電與(6281)全國電子為例，台積電的年度ROE21.94％，全國電子的年度ROE23.47％兩者相差不遠，從這裡就能比較出，兩者是差不多可以被買進的標的嗎？

當然不是！

全國電子屬於電子百貨通路業是低毛利率高周轉率的產業，也就是說，他們是倚靠東西賣得「多快」來獲利，但台積電是晶圓代工業靠著的是賺進的利潤有「多高」，雖然兩者從ROE來看可能相近但其實是無法一塊兒比較的。如果要相比的話，要同業跟同業相比，以台積電而言，可以與其相比的是同屬晶圓代工業的族群，例如聯電、茂矽、世界。

2：與歷史數據相較趨勢向上為佳。

另外，個股ROE的表現如果一期好過一期，對行情是利多(見右三商行範例)，尤其是成長型的企業，ROE出現向上趨勢會大大吸引追求價差的投資人。

而ROE表現穩定的個股，則是價值型

範例一：與同業比較ROE(台積電)

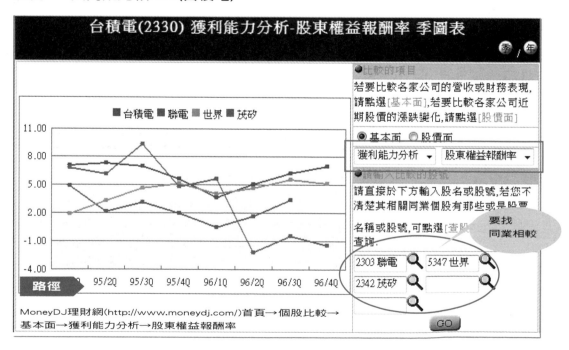

投資人的最愛,如功課成績一直保持一定水準的好學生叫老師與家長比較放心。

ROE應用四步驟

再舉一個具體的例子說明運用ROE分析的情形。

右頁是東貿企業與其相關同業ROE的季比較圖,很明顯的96年1Q的(4104)東貿ROE與同業相比高出很多到了27.94%,這意味著東貿跟前例的三商行一樣,ROE變好也將有業績成長的行情嗎?

投資人可以循著以下的步驟逐一檢查東貿與其他同業的比較。

第一步先看:毛利率(它與純益率相

關);第二步檢查資產周轉率;第三步檢查負債比(它與權益乘數相關)。

發現以上三步並沒有特殊的地方,那麼是什麼變化讓企業的ROE暴增呢?

第四步可以從損益表中找答案,原來961Q東貿處份了投資利得908(百萬),這不是本業轉投資,而是一次性處份公司的收入,如果正確的計算東貿當季的合理ROE,應該要把這部份去掉才合理。

營業外獲利或損失會影響當期的淨利,連帶著就影響了ROE的失真,所以,投資人要深入解讀ROE變高的深層意涵,也就是在看ROE數字外,要注意這些「因子」的變化情況,若是灌水或是縮水而來

範例二:自家企業ROE成長,股價也成長(三商行)

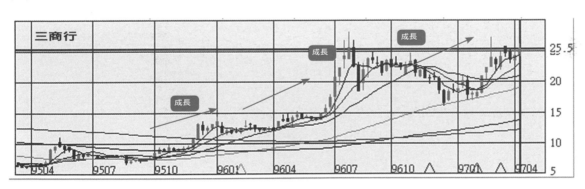

獲利能力分析--股東權益報酬率(單位:%)

2905 三商行	96/3Q	96/2Q	96/1Q	95/4Q	95/3Q	95/2Q	95/1Q	94/4Q
	6.12	6.00	5.62	3.70	0.60	1.73	5.48	2.40

的ROE參考性就不高了。 需要補充的是，從ROE的觀點來看，有些企業純利率雖然增加了，但是股東權益增加的更多，所以ROE低下。像這樣，只注重獲利增加，卻不重視股東權益的企業可以說企業「資本效率」並不怎麼好。國外企業常會出現「2015年ROE達到15％……」之類的企業經營目標，顯然，國外企業也注意提高股東價值的經營方針。但國內這種企業就比較少。

ROE的應用方法 （東貿範例）

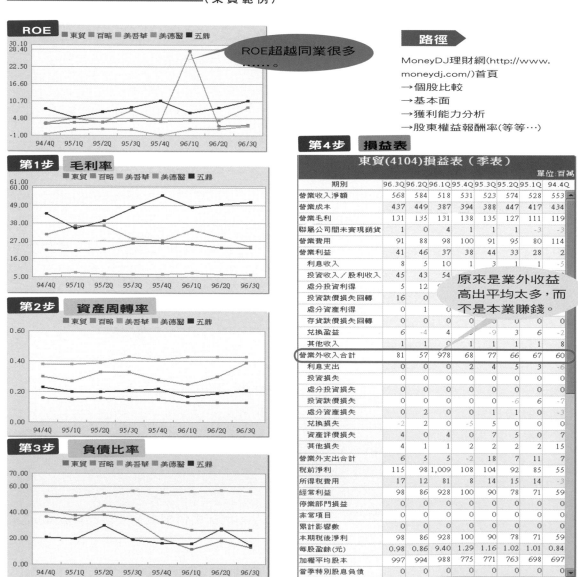

路徑

MoneyDJ理財網(http://www.moneydj.com/)首頁
→個股比較
→基本面
→獲利能力分析
→股東權益報酬率(等等…)

第4步　損益表

東貿(4104)損益表（季表）
單位:百萬

期別	96.3Q	96.2Q	96.1Q	95.4Q	95.3Q	95.2Q	95.1Q	94.4Q
營業收入淨額	568	584	518	531	523	574	528	553
營業成本	437	449	387	394	388	447	417	434
營業毛利	131	135	131	138	135	127	111	119
聯屬公司間未實現銷貨	1	0	4	1	1	1	-3	-3
營業費用	91	88	98	100	91	95	80	114
營業利益	41	46	37	38	44	33	28	2
利息收入	8	5	10	1	3	1	1	-5
投資收入／股利收入	45	43	54					
處分投資利得	5	12						
投資跌價損失回轉	16	0						
處分資產利得	0	1	0					
存貨跌價損失回轉	0	0	0	0	0	0	0	
兌換盈益	6	-4	4		-9	3	6	-2
其他收入	1	1	0	1	1	1	1	8
營業外收入合計	81	57	978	68	77	66	67	60
利息支出	0	0	0	2	4	5	3	-6
投資損失	0	0	0	0	0	0	0	0
處分投資損失	0	0	0	0	0	0	0	0
投資跌價損失	0	0	0	0	0	-6	6	-7
處分資產損失	0	2	0	0	1	1	0	-3
兌換損失	-2	2	0	-5	5	0	0	0
資產評價損失	4	0	4	0	7	5	0	7
其他損失	4	1	1	2	2	2	2	15
營業外支出合計	6	5	5	-2	18	7	11	7
稅前淨利	115	98	1,009	108	104	92	85	55
所得稅費用	17	12	81	8	14	15	14	-3
經常利益	98	86	928	100	90	78	71	59
停業部門損益	0	0	0	0	0	0	0	0
非常項目	0	0	0	0	0	0	0	0
累計影響數	0	0	0	0	0	0	0	0
本期稅後淨利	98	86	928	100	90	78	71	59
每股盈餘(元)	0.98	0.86	9.40	1.29	1.16	1.02	1.01	0.84
加權平均股本	997	994	988	775	771	763	698	697
當季特別股息負債	0	0	0	0	0	0	0	0

第1步　毛利率

第2步　資產周轉率

第3步　負債比率

ROE超越同業很多……。

原來是業外收益高出平均太多，而不是本業賺錢。

第十二節 ROE ④ ROE與其他投資指標

前 面提到PBR等於股價除以每股股東可以分到的淨值，PBR越低說明越是低價股。

這裡又提到，ROE是股東每投入一塊錢所可以獲得的報酬。這兩種概念聽起來好類近哦！彼此之間有什麼關連呢？

ROE與與PBR的關連

ROE中所指的股東是「原始股東」；而PBR中的那個「股東」所支付的成本是市價，投資人所承購的「市價」通常不會等於「淨值」。

先用一個簡單的算式來說明比較清楚──

假如一家公司的ROE是20％，每股淨值是10元，小花花以每股市價是20元買進，那麼，PBR是2倍(20元/10元)，對原始股東來說，ROE是20％，但站在小花花來說，因為她是花20元買進，而不是原始股東淨值10元的基礎點，所以小花花持有這張股票的股東權益報酬率實際上就只有10％，而不是20％了。

從這裡就可以推算出公式：投資人的實際報酬率為：ROE/PBR。

推算目標報酬率下的合理股價

計算這個讓腦子快打結的ROE/PBR有什麼特殊的意義嗎？

如果你已經長期鎖定幾檔股票，不知什麼時候才是自己合理的「目標價」這個計算式就派得上用場了。

例如，96年度(2330)台積電的ROE是21.94％，每股淨值是19.03元，假設小花花希望投資台積電一年獲利8％，那麼，什麼價位以下小花花可以進場呢？

步驟1：設定自己的目標報酬率

小花花想賺8％。

步驟2：計算出PBR

8％=21.94％／PBR

PBR=2.74

步驟3：從PBR算出目標股價

2.74×19.03=52.14

答案是：52.14元

以上可以從預期報酬率算出概略的股價，若要算精準一些，必需把該年度企業所發放的股利稀釋獲利部份算出來，在此就先省略。

當然，要利用這個理想股價公式之前，企業本身ROE的表現平穩是先決條件，不能今年5％，去年30％，明年又預估10％，這樣就很難估算了。另外，預估的ROE要比歷史的ROE來得好，畢竟，採用落後指標來推測未來的股價參考性不足，本例採用台積電96年度已經公布的資料僅為示範，正確的計算方式應該採用預估值。

ROE與其他財務指標的關係

本益比一般認為15倍是合理的;從PBR來看,1倍的水準是判斷股價的要點。

那ROE呢?

ROE和這些指標不同,「買進」和「賣出」判斷沒有具體的標準。

投資新手利用ROE進行企業分析,最簡便的是如前面所提的比較企業不同時間是成長或衰退。在分析股價與指標時要將幾個指標一起搭配,一方面掌握彼此的關連性,一方面也要注意均衡。例如,每股淨值和每股股東權益是非常相似的兩個數值。在分析時要同時考慮到:如果企業自己資本少的時候,PBR會上升,股價看起來很貴;但另一方面,自己的資本少ROE看起來卻很高,好像企業很有效率的運用了股東的錢。反之,自己資本增加,讓PBR變低,股價看起來很便宜,但ROE的數值卻很小,好像企業沒有很善用股東的錢一樣。

各 指 標 間 的 關 連 性

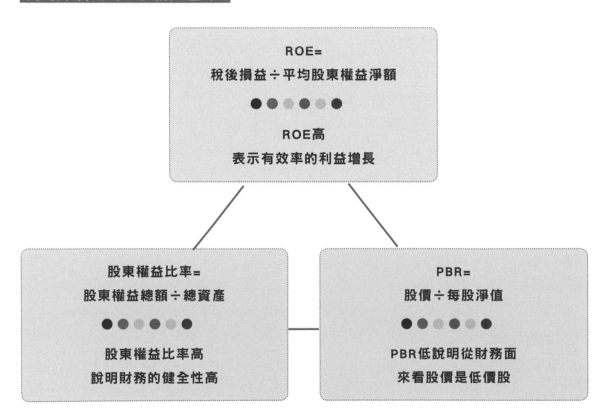

利用ROE為股票定出目標價位 (台積電範例)

步驟1：設定自己的目標ROE

↓

步驟2：計算出PBR

↓

步驟3：從PBR算出目標股價

這個意思是說——
如果你想賺8%就等股價低於
52.14元買進較有贏面；
如果你想賺5%就等股價低於
83.35元買進較有贏面。
PS:
本文僅為範例，正確的方式應採
用預估值計算。

台積電(2330)財務比率（年表）							
單位:%							
獲利能力							
期別	96.1~4Q	95	94	93	92	91	90	89
淨值報酬率—稅後	21.94	26.69	22.16	25.36	15.12	7.54	5.37	34.04
營業毛利率	43.81	47.70	43.56	43.03	36.10	32.29	28.90	45.72
營業利益率	35.79	40.24	35.15	33.92	26.08	21.23	13.78	36.42
稅前淨利率	38.50	42.95	35.46	35.85	25.27	16.84	8.47	38.40
稅後淨利率	34.81	40.46	35.37	36.06	23.41	13.43	11.50	39.17
每股淨值(元)	19.03	19.69	18.04	17.19	16.28	14.88	15.29	20.15
每股營業額(元)	12.26	12.17	10.71	11.03	9.98	8.10	6.94	12.80
每股營業利益(元)	4.39	4.90	3.77	3.74	2.60	1.72	0.96	4.66
每股稅前淨利(元)	4.58	5.23	3.80	3.95	2.51	1.43	0.61	5.60
股東權益報酬率	21.94	26.69	22.16	25.36	15.12	7.54	5.37	34.04
資產報酬率	19.48	23.63	19.17	21.12	12.64	6.57	4.71	26.47
每股稅後淨利(元)	4.14	4.93	3.79	3.97	2.33	1.14	0.83	5.71

範例1	範例2
小花花 設定報酬率8%	David 設定報酬率5%
報酬率=ROE／PBR 8%=21.94%／PBR PBR=2.74	報酬率=ROE／PBR 5%=21.94%／PBR PBR=4.39
PBR×每股淨值 =目標股價 2.74×19.03=52.14	PBR×每股淨值 =目標股價 4.38×19.03=83.35

路徑 資料來源：大華超級財經網(http://www.toptrade.com.tw/)→鍵入股號→財務比率

巴菲特選股邏輯之一

一家能累積客戶與經營實力的企業，不可能10年前做紡織、5年前改做鋼鐵、5年後又改賣汽水吧！原則上，巴菲特在選股之前，會先看看過去10年，企業經營的本質有沒有過大的變動，如果過去10年經營的本質沒有變動，從這裡可以推論未來10年應該也不會有所變動，而他個人則更偏好經久不變、獨占或高市佔率、多角化能力強的企業。找到了這樣的企業，每年再觀察它的高ROE是否持續。

第十三節　評估資產效率的ROA

前面說明了ROE是表示使用自己資本能夠產生多少利潤的指標，公式是純利益÷股東權益。而總資產投資報酬率ROA (Return On Assets)則是將ROE的分母換成了總資產。因為股東權益是總資產的一部份，所以兩者的關係是：ROE=ROA×(平均總資產／平均股東權益)。

改善收益性與效率性ROA會提高

ROE與ROA都一樣，分子都採用「常續性損益」。另外，也有人用營業毛利除以總資產來求ROA的情況。但不管分子用什麼形式的「利益」來計算，ROA越高就表示企業愈有效率的運用資產增加獲利。

ROA和ROE是性質相似的財務指標，兩者都是判定企業是否有效的提高收益的情況下使用。ROA表示了企業透過土地、建築物、工廠、設備、現金、存款等資產運用能夠產生多大利益。與ROE表示「資本效率」相對，ROA表示「資產效率」。

明確的指出ROA在百分之多少之上具有投資魅力沒有一定的標準。和ROE一樣，ROA要和同業相比較才有意義，觀察個別企業ROA的歷史演變也頗具參考性，從中可以看出企業的經營與獲利的成果。這裏需要注意的是，ROA的分母中的「總資產」，不是指前期末的數值，而是期初和期末的平均值。和ROE一樣，總資產的數額在決算期內是變化不定的。

企業要想提高ROA，首先應該提高獲利。從另外一方面來說，賣掉無法產生利益的資產（閒置資產）以償還借款從而壓縮總資產也能提高ROA。

夢幻？現實？

股市有一種說法，認為選股就像選美一樣，不是選擇你自己喜歡的，而是選擇別人喜歡的。也就是說，要選出「有人氣」的股票，而非真正「有實力」的股票。但真是如此嗎？

如果你想短期交易，「人氣」比較重要；如果你想長期投資，實力就比較重要。

長期投資者應該認清，真正的投資不是選擇人氣美女，而是有穩固的理論股價基礎，看準企業的經營與文化，自己判斷企業價值，未來企業成長的價值將反應在股票價格上。

總 資 產 報 酬 率

總資產報酬率ROA

$$= \frac{稅後損益}{平均總資產}$$

> **ROA 資產效率**
>
> 賣掉無用的資產，多償債款，會提高效率。

股東權益報酬率ROE

$$= (ROA) \times \frac{平均資產總額}{平均股東權益}$$

> **ROE 資本效率**
>
> 評估企業是否有效的運用了自己的資本。

第十四節　負債比與利息保障倍數

表示財務內容健全度以及對有利息負債依賴度的指標有不少，本文介紹常見的「負債佔資產比率」（負債比）與「利息保障倍數」兩個指標。

負債佔資產比率

負債佔資產比率是用來分析企業資產中向外舉債的比率有多少，比率愈高表示財務愈不健全，而且，每年需要支付的利息愈多，對資金周轉會產生壓力。

它的計算公式是：負債總額/資產總額。也就是負債佔資產幾倍的意思。有利息負債是指因支付借款、企業債務以及商業票據等需要支付利息的負債的部份。

不能因為個股負債比低就買進，因為不同產業的負債比相差很多，必須是與同業相比才有意義。另一項運用就是自己跟自己比。例如，XX企業從2004年起，因為收益增加，伴隨財務內容趨向好轉。如果是這樣的話，大約可以判斷企業致力於控制負債、增加收益而著實累積股東權益，是利多訊息。

利息保障倍數

分析企業拿營業活動所產生的盈餘用來支付利息的指標就是利息保障倍數。倍數愈高，表示企業以營業活動支付借款利息的能力愈強。利息負擔沈重的企業，在利率上漲時要支付更多利息，但投資人不能單憑這一點就判定企業營運不好，因為如果企業正處於事業擴張期，借進來的錢可以創造更多的收益，就算利息支付負擔沈重，只要企業可創造更多獲利的話，實質上的利息負擔也會變輕。把這個平衡關係數值化的指標就是利息保障倍數。

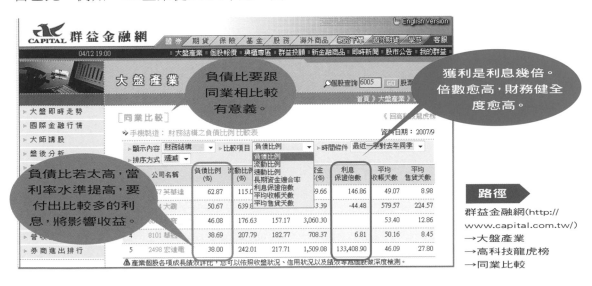

路徑

群益金融網(http://www.capital.com.tw/)
→大盤產業
→高科技龍虎榜
→同業比較

2個利息的公式

負債佔資產比率 ＝負債總額/資產總額。
利息保障倍數 ＝EBIT（稅前息前純益）/利息費用

第十五節　借錢少的企業並不代表有魅力

以家庭資產看，負債高不好，但企業經營並不完全如此。先舉個小例子：大家都知道美國的亞馬遜書店是大負債公司吧！亞馬遜不只賠光第一代股東的資本，還有比資本大好幾倍的負債，但即使歷經網路泡沫化的洗禮，目前亞馬遜還是相當有人氣的上市企業(96年3月底本益比高達65倍，負債比8、90％)。

負債只會更好但資產有可能更壞！

負債比高的企業不一定就是不好的企業；相對的，負債比低的企業不一定就是好企業。用簡單的概念可以這麼說：高負債的確不是好事，可是它的負面影響是顯而易見的，但若不能好好的管理資產，才會真的沒救。

對經營者而言，如何管理資產遠遠比如何處理負債的問題來得大，因為，負債只有可能變好不可能愈來愈糟；但資產則相反，它比較多情況是會變得更壞而不會變更好。這個問題在電子業最常見——

◎存貨是資產的一部份，當景氣突然急轉直下的時候，原先的存貨價值是不是會一下子變低了呢？

◎應收帳款是資產，如果不是自己企業賺不到錢，而是太集中少數客戶，而對方又突然倒了，應收帳款收不回來，資產是不是會大大損失呢？

◎轉投資是資產，沒有好好管理的話，有一天也要認列虧損。

◎土地是資產，雖然可能變得更有價值，但也可能貶值。而不動產資產最顯而易見的問題是，萬一企業營運需要周轉，不動產變現不易未必就能靈活使用。

從上面角度，重新來審視股東權益比率的問題，投資人就能做比較客觀的判斷了。所以，可別單方面的以為負債比低就是好。明智的投資人在面對財報數字時，要從內在價值的角度估算資產的品質與每項資產的存續期間所能產生的現金流量。

先舉國內兩家股東權益比率高的企業(2412)中華電（2006年第3季88.89％）、(1737)台鹽（2006年第三季92.83％）。這兩家企業累積了多年的利益，股東權益比率變得比較高，因此企業營運幾乎不靠舉債，也就是利息支出很低，這樣的企業當市場利息上升時，對投資人有相當吸引力，且企業還有不差的盈餘，以97.3.24的股價為計算基準，中華電股價79.1，本益比22倍；台鹽股價26.2，本益比27倍，都高出大盤。

然而，並不是所有股東權益比率高的企業都是高收益企業。例如，(2363)矽統科技股東權益比率在96年第3季的統計高達89.67％，但是，業績卻給人停滯的感覺。每股盈餘還出現負值。因此，投資人

負債比高企業就沒人氣嗎？ （美國‧亞馬遜範例）

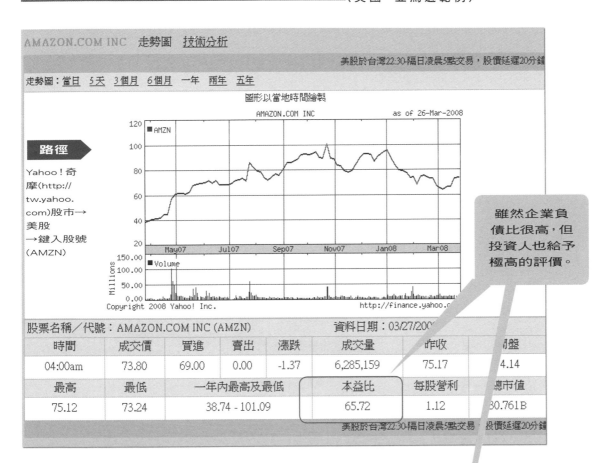

雖然企業負債比很高，但投資人也給予極高的評價。

亞馬遜財報 (幣別：美元)

	2007.4Q	2007.3Q	2007.2Q	2007.1Q
財報截止月	2007/12	2007/09	2007/06	2007/03
營收(百萬)	5,673	3,262	2,886	3,015
稅後淨利(百萬)	207	80	78	111
稅後每股盈餘(元)	0	0	0	0
每股淨值(元)	3	2	1	1
營業毛利率(%)	20.62	23.36	24.29	23.88
營業利益率(%)	4.78	3.77	3.98	4.84
負債比率(%)	81.54	83.52	86.19	90.36

還是應優先考慮企業未來成長性，為了使投資更安全，再去檢查股東權益比率。當然，也不能忽略不同行業間有不同股東權益比率。例如，航空公司因為本身產業特性的關係，股東權益比率比較低。若拿它跟其他產業比就不合理。

(2412)中華電	總資產	股東權益合計	股東權益比率	普通股每股盈餘
96年第3季	448898969.00	399046953.00	88.89% 高	3.55
95年第3季	441030535.00	389139366.00	88.23%	3.2

(1737)台鹽	總資產	股東權益合計	股東權益比率	普通股每股盈餘
96年第3季	7167623.00	6761877.00	92.83% 高	0.97
95年第3季	7419869.00	6888040.00	94.33%	0.64

(2363)矽統	總資產	股東權益合計	股東權益比率	普通股每股盈餘
96年第3季	18034540.00	16172890.00	89.67% 高	-1.09
95年第3季	18053105.00	16582132.00	91.85%	0.16

一樣是向外借錢很少的企業，有些很賺錢，有些則否。所以，股東權益比例高不高不能當成選股唯一條件。

負債比高不高，不同產業相差很多。

航空－華航

財務比率

華航 2610　2007年3季 ▾ *go*

	2007年第3季	2007年第2季	2007年第1季	2006年第4季	2006年第3季
負債佔資產比率(%)		76.2	75.72	77.26	77.54
長期資金佔固定資產比率(%)		93.07	96.78	95.77	96.08
流動比率(%)		51.87	58.54	63.36	62.18
速動比率(%)		40.05	43.87	52.53	49.74
資產報酬率(%)		0.66	0.17	2.49	1.72

航空－長榮

財務比率

長榮航 2618　2007年3季 ▾ *go*

	2007年第3季	2007年第2季	2007年第1季	2006年第4季	2006年第3季
負債佔資產比率(%)		69.62	67.59	67.32	66.09
長期資金佔固定資產比率(%)		128.47	131.37	132.82	133.65
流動比率(%)		91.4	92.48	92.45	87.92
速動比率(%)		55.75	57.41	58.06	53.89
資產報酬率(%)		-0.45	0.13	0.19	-0.62

同業相比

航空業需要大筆錢購入新飛機，所以，發行公司債的次數多，向銀行借錢的金額大。負債比跟電子業相比有明顯的差異。

電子－可成

財務比率

可成 2474　2007年3季 ▾ *go*

	2007年第3季	2007年第2季	2007年第1季	2006年第4季	2006年第3季
負債佔資產比率(%)		11.12	4.7	4.79	7.63
長期資金佔固定資產比率(%)		1793.94	1783.77	1590.52	1307.71
流動比率(%)		153.33	389.41	399.38	287.53
速動比率(%)		150.86	379.17	389.83	282.03
資產報酬率(%)		12.29	7.82	32	23.05

電子－聯發科

財務比率

聯發科 2454　2007年3季 ▾ *go*

	2007年第3季	2007年第2季	2007年第1季	2006年第4季	2006年第3季
負債佔資產比率(%)		29.04	12.76	11.92	13.6
長期資金佔固定資產比率(%)		1340.21	1532.37	1402.4	1240.91
流動比率(%)		233.26	508.39	523.11	468.66
速動比率(%)		202.87	457.36	483.82	422.62
資產報酬率(%)		16.38	9.12	29.45	23.02

同業相比

路徑 ▶ 鉅亨網 (http://www.cnyes.com/) 首頁→台股→輸入股票代碼→財務比率

第十六節　基本分析之外 ① 財報為什麼老失靈?

觀察股價變動時，會出現以下的疑問——

「公司業績差，股價卻上漲！」

「公司業績很好，股價卻下跌！」

不景氣，股價卻上漲的現象，被投資人稱為「不景氣的高價股」。相反，公司業績好，股價卻下跌的現象也時有發生。

股價，早業績反應6個月

理論上股價該隨業績——效益好的公司股價應該上漲，不景氣的公司股價應該下跌。為什麼會出現「不景氣的高價股」「效益好卻下跌」呢？

那是因為股價提早反應業績的原因。例如，投資人發覺「這個公司的新產品銷售額有強大的增長勢頭，業績可能會大幅變化」於是馬上買進股票。相反的，發覺「這個公司的財報業績雖說成長了，但產品銷量看起來並不怎麼樣」於是開始賣掉

股票，如此，財報數字也尚未反應出來。

有經驗的投資家都是從「變化的徵兆」提前進場布局的，其行動總在市場與財報之前行動。由於較早抓到資訊的人會先開始股票買賣行動，所以有可能公司業績的變化不明顯，但是股價卻在變動。

想要預知股價只有問股價！

懂得技術分析的行家可以從現在股價圖上的變化預測股票的將來。而目光敏銳，消息靈通的產業界人士其進出動向也可以由股價來反映。因此，不景氣，股價卻開始上漲;景氣好，股價卻開始下跌。是因為目光敏銳的投資人們早就發覺「變化的徵兆」開始行動了。所以，有句話說「想要預知股價只有問股價」並非人們不需要重視基本分析，而是查看股價變化，有助事先捉住市場走向。

大盤指數

最常被市場討論的「加權股價指數」也就是俗稱的「大盤」。這個指數代表國內股市(集中交易市場)的整體表現，

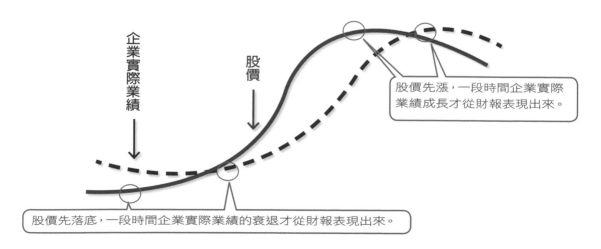

企業實際業績　　股價

股價先漲，一段時間企業實際業績成長才從財報表現出來。

股價先落底，一段時間企業實際業績的衰退才從財報表現出來。

第十七節　基本分析之外 ② 指標背後才是重點

基 本面顯示「低價」大半有自己的理由。不能只看到表面的數字，應對數字背後的原因進行分析。

PER、PBR、紅利背後數字的本質

次頁是2008年2月本益比最低排行榜前十名(資料來源：台灣證券交易所)。這些企業的本益比都大大低於當時15.26倍的市場平均值。但是，並不能說這些企業就都是具有價格魅力的「便宜股」。

以這份排行資料為例，本益比最低的是(9944)新麗的3.03，查看新麗96Q3的財務比率，它的營業利業益率是-0.45，也就是說，從本業的營運情況來看，新麗的96年第三季是賠錢的，可是，它的每股淨利當季竟然高達9.71元！看到這裡，投資人就應該發出一個疑問：為什麼96年3Q的淨利會急速成長呢？其實從上面一張表也能看出問題——營業利益是-7(百萬)，但稅後淨利高達947(百萬)。

本益比用淨利除以發行總股數計算。所以就算本業沒有賺錢，但是業外收入很多的話，也可能使每股盈餘增加而使本益比變低。業外的收益通常是一次性的或是臨時發生的，如果它的比重超過過去的表現很多，就應該先剔除不合理的部份。

從另一方面來說，高本益比的個股，是否也存在本業業績良好，但是由於特別損失臨時發生而使得本益比變高，看起來很貴的情形呢？當然也有。

這種非常態性的情況，如果下一期特別損失不再出現，本益比算出來高價股的感覺就會消失。如此，就不能判斷高本益比就是不具有投資魅力的個股。

PBR是企業的解散價值與股價的比值，以台灣證券交易所2008年2月底PBR最低排名的前十名。當月PBR最低的秋雨印刷，PBR只有0.41，也就是說，股價只有公司解散資產的0.41倍，連一半都不到，但是，只看表面不能說它就是便宜的股票，因為從財務比率來看業績表現，秋雨已經很多季都處在虧損情況，而且一季比一季虧得多，若再持續虧損，純資產會再度減少。

用「是否發放紅利」也是個很簡單的判別方法，如果本益比很低，但紅利分配一直都配得很少或已經很多年沒有配發紅利了，這種股票也就算了吧。試想，企業連紅利都配不出來即使股價便宜，買了又如何呢？沒有分紅，顯然業績並不怎麼好，若是業績不振又沒有任何「轉機」，即使本益比低也稱不上具有投資魅力。那麼，是不是只要配得出紅利的個股就比較好呢？不是的！！國內也是有很多高紅利且本益比很低的企業，投入前也要深入分析其背後原因。

經營者重要嗎？

透過強而有力的領導能力推行商業模式的實現；最大限度的活用經營資源讓企業的價值不斷成長；一面考慮到風險一面考慮爭取利潤……你覺得沒有優秀的領導人企業可能會勝出嗎？當然不可能，所以，選股時也要研究領導者的行事風格，應該可以這麼說，有優秀的領導人不一定有優秀的企業，但沒有優秀的領導人是一定不會有優秀的企業。

低本益比卻不是便宜股的範例

上市企業PER最低排行　2008年2月

排序	股票代碼	股票名稱	本益比	最後市價	營業利益(百萬)	本期稅後淨利(百萬)	年度配息(95年)
1	9944 →	新麗	3.03	31.60	-7　賠！	947	.2
2	2305	全友	3.99	5.03	-71	260	0
3	4104	東貿	4.12	62.40	162	1212	2.8
4	2534	宏盛	5.20	26.50	2479	2838	3.3
5	2020	美亞	5.52	29.25	908	956	2.7
6	2442	美齊	5.56	10.00	201	316	0
7	2359	所羅門	5.61	20.10	221	1391	0
8	2468	華經	5.83	14.40	83	181	1
9	2852	第一保	5.94	15.20	755	723	1.95
10	3515	華擎	6.13	135.00	2841	1826	20.37

怪怪！竟賺了！

資料來源：台灣證券交易所

本期指：95Q4+96Q1+96Q2+96Q3

最後市價為：97年2月29日　當月大盤本益比：15.26倍

新麗(9944)財務比率（季表）

單位:%

期別	96.3Q	96.2Q	96.1Q	95.4Q	95.3Q	95.2Q	95.1Q	94.4Q
獲利能力								
營業毛利率	18.27	21.9	17.61	12.39	17.89	28.49	22.77	19.46
營業利益率	-6.45	4.36	1.31	-5.47	-6.05	14.04	8.88	3.14
稅前淨利率	706.09	34.87	47.97	-23.81	13.75	45.52	73.73	31.84
稅後淨利率	699.98	27.57	46.36	-24.58	14.59	40.83	77.71	31.47
每股淨值(元)	27.669	17.81	19.23	18.25	18.73	18.15	18.87	17.29
每股營業額(元)	1.388	1.41	1.39	1.41	1.28	2.06	2.3	1.82
每股營業利益(元)	-0.09	0.06	0.02	-0.08	-0.08	0.29	0.2	0.06
每股稅前淨利(元)	9.8	0.49	0.7	-0.34	0.18	0.96	1.81	0.58
股東權益報酬率	42.72	2.15	3.61	-1.89	1.04	4.76	10.56	3.38
資產報酬率	24.28	1.08	1.98	-0.75	0.7	2.49	5.12	1.48
每股稅後淨利(元)	9.71	0.39	0.68	-0.35	0.19	0.86	1.91	0.57

這一季本業是賠錢的，但淨利卻每股賺了9.71元，顯然是業外賺來的錢。但本益比是以淨利為分子，所以，雖然本益比很低，貢獻的卻不是來自本業，也就是說，下一季企業繼續保有這樣的賺錢能力機會很少，所以，這時算出來的本益比就不具參考價值了。

低PBR卻不是便宜股的範例

上市企業PBR最低排行　2008年2月

企業沒有賺到錢，本益比計算不出來。

哀！
股東很久沒有拿到紅利了說……

排序	股票代碼	股票名稱	本益比	股價淨值PBR	最後市價	年度配息(95年)
1	9929	秋雨印刷		0.41	3.56	0
2	1443	立益紡織		0.42	3.16	0
3	2302	麗正		0.43	4.64	0
4	4414	如興		0.43	4.97	0
5	1472	三洋纖維		0.44	5.32	0
6	2349	錸德		0.47	7.63	0
7	2007	燁興		0.49	6.95	0
8	2887	台新金	50.69	0.50	14.70	0
9	1449	佳和實業		0.51	2.96	0
10	2375	智寶		0.51	5.83	0

資料來源：台灣證券交易所

本期指：95Q4+96Q1+96Q2+96Q3最後市價為：97年2月29日

秋雨(9929)財務比率（季表）

單位:%

期別	96.3Q	96.2Q	96.1Q	95.4Q	95.3Q	95.2Q	95.1Q	94.4Q
獲利能力								
營業毛利率	3.77	4.52	-2.28	7.81	5.13	7.52	2.23	10.61
營業利益率 衰退	-6.9	-8.14	-14.13	-5.49	-3.6	-0.92	-7.29	3.56
稅前淨利率	-14.78	-5.68	-14.66	-2.93	-6.2	-1.9	-4.43	6.62
稅後淨利率	-14.78	-5.68	-14.66	-2.93	-6.2	-1.9	-4.43	6.62
每股淨值(元)	8.89	9.05	9.05	9.15	9.25	9.17	9.2	9.27
每股營業額(元)	1.51	1.45	1.4	2	1.75	1.67	1.49	2.14
每股營業利益(元)	-0.1	-0.12	-0.2	-0.11	-0.06	-0.02	-0.11	0.08
每股稅前淨利(元)	-0.22	-0.08	-0.21	-0.06	-0.11	-0.03	-0.07	0.14
股東權益報酬率 賠錢	-2.49	-0.91	-2.26	-0.64	-1.18	-0.35	-0.72	1.57
資產報酬率	-1.19	-0.18	-0.95	-0.04	-0.27	0.11	-0.07	1.05
每股稅後淨利(元)	-0.22	-0.08	-0.21	-0.06	-0.11	-0.03	-0.07	0.14

PBR很低，感覺好像股價很超值，雖然企業還有一些資產，但若業績不佳，會一再的讓資產縮水。而且，再瞧一瞧它的股東權益報酬率(ROE)也有越虧越多的趨勢，這樣的股票若要買進的話，就只有等待轉機了。

第十八節 基本分析之外 ③ 經營力也是投資指標

只要是公開發行的企業，任何地方都可能出現具競爭力的對手，人、物、錢等經營資源的國際化是企業生存的必要條件。除了經營者，所有員工也被要求全球化。

能提高理論股價的四個條件

企業國際化並不單單指在海外做生意，運用專業知識獲得收益也很重要；另外，也要從世界各地吸引資金，因此，投資人也需要確認企業海外股東比率。

不過，外國投資者也有很多種類，所以有必要弄清楚是哪種投資人。如果是國際對沖基金投資人，他們是以賺到短期差價為目標就不能算作優良的投資者。優良的外資投資者一旦投資，一般會以10年為單位持有不賣出。

能夠提高理論股價的企業，需要具備如下條件。

1 能提高自由現金流量的企業

首先，要摒棄大公司一定沒問題的想法——

有幾千名員工、豪華的辦公大樓、銷售額幾億或幾兆都與企業價值無關。用員工人數和銷售額來評價公司是錯誤的。幾萬的員工、幾千億的銷售額，利潤也有可能比不上幾十人規模的企業。

能提高現金流量的企業，具有一些特徵，比如「提供獨特的商品或服務」；「優秀的存貨、物流能力及具有價格競爭力」。

2 經營者重視股東的企業

在股東會上，有的企業負責人只是讀一下稿子，不能用自己的語言總結說明經營理念的企業要小心。因為企業是股東所有，若負責人無法清楚的交代經營方向，這種企業大有問題。

另外，投資人也要唾棄只關心企業內部福利的經營者。

公司是全體股東所有，股東的錢讓經營者保管，經營者用這筆錢開拓事業，透過增加收益提高企業價值，然後再發還給股東才是合理的邏輯。

優秀公司在有業務拓展需要時會積極增資，廣泛從市場籌集資金。但是，如果資金在內部保留，卻沒有好的運用計畫時，應自動減資，將剩餘資本還給股東。

股價是經營者的成績表。一年下來，即使股價比年初只下跌了0.1元，企業經營者也必須反省。經過2年、3年若還無法提高股價的經營者應該考慮退出。相反的，投資人應該給予有明確理想藍圖並能提高股價的經營者鉅額的獎金。

3 資源集中在成長領域

能有效並集中的把資源投資於領先技術的開發並將創收的現金流量向擅長的本

檢查企業的全球化——人＋物＋錢

資料來源	項目	檢查重點
企業年報	人	□現在駐外的幹部有多少？學經歷如何？
		□營運團隊的經驗是否能運用在現在的事業發展領域？
	物	□與國內同業、國外同業銷售相比佔比有多少？
		□事業內容：生產和流通是如何？ □產業訊息：瞭解世界上各地域的銷售、利潤比例。
		經營上的重要合約或專利。
	錢	□是否有別的公司持有很多股份，實際上被其他公司控制的情況？
		□國外股東佔比有多少？
		□是否在其他國家如紐約證券交易所（NYSE）上市？

企業的年報

企業的年報通常是很厚的一本，現在一般是透過網路下載，它對想進一步了解企業的人是很實用的資料，裡面有很多投資人常忽略，但跟企業競爭力很直接相關的內容。
本例是台積電95年年報的小小截錄。

路徑

公開資訊觀測站
(http://newmops.tse.com.tw/)
→輸入代碼
→年報及股東會相關資料
（含存託憑證資料）
→下載年報

台積公司人力結構－學歷別

	民國94年底	民國95年底	民國96年2月底
博士	475	553	568
碩士	5,464	6,002	6,064
學士	3,601	3,856	3,835
其他高等教育學位	4,510	4,331	4,294
高中	5,592	5,460	5,420
總計	19,642	20,202	20,181

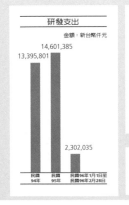

權值股

臺灣發行量加權股價指數是以各上市股票的發行量為權數計算指數值，換句話說，股本較大的股票對指數的影響會大於股本較小的股票。雖然國內上市股票有一千多檔，但前百大企業的權值比重就佔台股的八、九成，所以到後來大家都以概括性的通稱前幾十大的股票為權值股了。

業成長領域投資，如此一直保持良好的營收產生利潤，這種經營才是正向的。若是迷失在業外的投資領域或將資金無目的的保留在內部或是過度看重分紅的公司，就無法期待未來能夠增加自由現金流量，股價也容易被評等為較低的水準。

4.外資企業喜歡買進

外資法人對股票的選擇是徹底研究後長年持有，首先，一定排除市值太低、規模太小、經營內容難理解、帳務不透明的股票。反過來說，外資法人喜歡的是權值股、業務具有國際競爭力、最好是在美國也有上市、流通性好、有信譽的企業。

具有以上四個特徵的企業能夠滿足股東的要求，在每年增加營業額的同時，還能從變動的經營環境廻避風險提高企業價值。具備以上四種特質，可以說是具有經營力，理論股價可以一再提升的好企業。

目 標 是 買 進 能 讓 " 理 論 股 價 " 不 斷 提 高 的 股 票

①
能提高自由現金流量

能創造現金，
是有價值
有競爭力的企業。

③
資源能集中在成長領域

不迷失在投資中，
但也能隨趨勢不斷
提升自己的企業競
爭力。

②
經營者重視股東

認清自己的經營
責任，把股東權益
放在心上。

④
外資喜歡買進的標的

市值高、透明度高
、有國際競爭力
與信譽。

一家健康的企業，除了關注本業之外，另也扶植成長性不同、市場不同的子公司是很正常的。但若因此而變得不務正業就不應該了。

第十九節　基本分析之外 ④　交易安全日！

基本面影響股價最受投資人關注的就是公布財報和業績修正。

財報公布前買進股票要慎重！

如果是出現財報表現良好或業績預測向上修正這些「好消息」，股價可能會暴漲，但是如果是出乎意料的壞財報或業績預測向下修正等「壞消息」，股價暴跌的可能性變高。換句話說，業績公布前是持有股票風險高的時期。

當然，如果對那家企業的情況很瞭解，確信「這次的財報會比市場預期好」的話，可以在財報公布前先買進股票，這樣可能可以趕上股價暴漲。但是，一般投資人很難對業績預測那麼有自信。所以如果從短期買賣的角度來考慮，在財報公布前買進股票或持有股票還是要謹慎。

雖然每個月10號前企業會公布月營收，可是萬一季報攤出來出現了巨大的營業外損失或預估獲利向下修正，都有可能會使行情暴跌。所以，對短期投資人而言，在財報公布前，不能忽視漂亮的題材之下隱藏著業績惡化的情況。在買進個股前，最好先確認財報公布日期。各大財經網站或證交所網站都可查詢。一般說來，財報公佈後的2個月，出現業績「驚奇」的可能性低，所以突發性的股價變動風險相對降低。在這段時間裏，利用股價圖尋找買進與賣出點就相對安全，因為不會一個很意外的業績報告，而打亂了既有的買賣布局，也可以說這段時間是比較適合交易的時期。

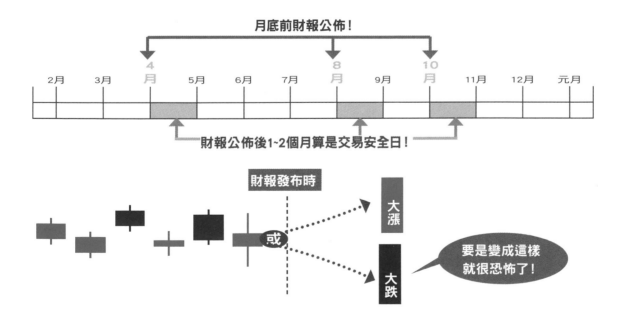

月底前財報公佈！

財報公佈後1~2個月算是交易安全日！

財報發布時

或

大漲

大跌

要是變成這樣就很恐怖了！

第二十節 基本分析之外 ⑤ 營運出現轉機的公司

報章媒體上應該聽過「轉機股」這樣的名稱吧！顧名思義，就是指過去營運不佳，但因為某種因素營運出現轉機的股票。

過去營運不佳，意味著股價必定低；因某種因素出現轉機，意味著「將來會賺大錢」。

如果是這樣，轉機股值得買進！

當然，如果未來的營運能如同公司或媒體所宣稱的「出現轉機」，股價自然有表現的空間。若是雷聲大雨點小唬哢投資人，轉機不成往往也會變成投機了。所以，對於這種股票只能用孔子的名言「聽其言觀其行」了。

財報、業績的觀察要點

看業績方面的新聞主要是判斷「是否有驚奇」和「是好驚奇還是壞驚奇」。

比如，如果傳出了「業績成長」的消息，但卻是和市場預測的一樣，那就只是「驚奇故事」對行情可能沒影響。甚至，即使是業績成長，但是成長幅度不如市場預期，那反而是「壞消息」。

反之，即使是業績變壞，如果業績變壞的幅度比預測的小，反而是好的消息。

業績是否配合題材

右圖是一家電子公司，從92、93、

94年的財報來看，的確表現並不佳，營收一年不如一年，獲利甚至還出現負值，難怪94年秋天以後股價還跌到淨值之下（編按：由證交所的資料顯示，當時淨值是14.43），但是在94年年底這家公司突然傳出好消息，接獲了大筆的訂單，產品出貨的情形大好。

「真的會嗎？」

「不會是講講而已吧！」

如果之前業績穩步增長的公司這樣說，投資人就比較會相信，但對於之前業績不佳的公司「預測明年一定會大大成長」總叫人起懷疑。

不過，這家公司這次並沒有說謊，95年業績果然翻了好幾倍，這類股票因為從谷底爬升（尤其是已跌破淨值）力道非常驚人，股票一口氣漲了快三倍。這也就是轉機股值得投資人留意的地方。

投資這種營運出現轉機的股票，可能得更費心想想「過去股價為什麼便宜？」是營運團隊的關係？還是景氣循環？還是產業變革？總之，投資人在介入低價轉機題材前，要回歸基本面，以實際獲利數字為依歸。

範例：營運轉機的公司

●業績(單位：億)	營業收入	稅後盈餘	EPS(元)
92年	145.32	6.26	1.63
93年	129.96	1.25	0.3
94年	116.47	−2.6	−0.63
預估95年	–	13	3

弱

弱

弱

> 之前，一年不如一年的業績，股價也疲軟不振。
> 94年底有了轉機題材，且業績也配合一個月強過一個月，股價應聲上揚。

●業績(單位：億)	營業收入
94年07月	12.23
94年08月	12.40
94年09月	10.34
94年10月	10.07
94年11月	13.88
94年12月	18.48
95年01月	16.25
95年02月	16.41
95年03月	24.17
95年04月	24.57
95年05月	25.58
95年06月	22.10

強 強 強 強 強

> 該年強吧！
> 每月都成長。

> 94年底公布業績即將上揚時，股價仍在低檔。但月營收已創近期月新高。

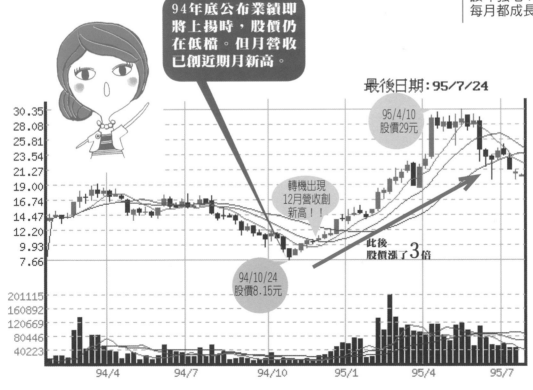

最後日期：95/7/24

95/4/10 股價29元

轉機出現 12月營收創新高！！

此後 股價漲了**3**倍

94/10/24 股價8.15元

第二十一節　基本分析之外 ⑥ 掌握"便宜"原則！

大幅上漲的個股很受關注。尤其是出現在上漲排行榜、成交量排行上或者新聞報導中的股票總會招來更多的投資人，在話題的催化下，這種股票價格容易一飛沖天，投資人也能享受增值的樂趣，大凡投資人都喜歡買這樣的股票。

大幅上漲暴跌的風險大

但對長期投資人而言，這不是理想的投資標的。暴漲的個股可能還會進一步上漲，不過人氣推升已經漲到一定程度的股票下跌風險將變高。

一般說來股價會依標準水準為中心，在較高水準或較低水準上下浮動。

股價上漲後，由於投資人的賺錢欲望會有更多的股票被投資人「加碼」買走，下一批的投資人則會在既有的價格上再繼續加碼，於是股價被過度哄抬而偏離應有的股價太遠。

如此市場上一旦出現獲利了結，股價便開始下跌，由於投資人擔心虧損，股票被不斷賣出，使得股價過度下跌。

買進「便宜股」是成功秘訣

市場這樣的戲碼不斷在重演。

因此，投資人要關注透過基本分析股票的適當水準在什麼價位。整體行情趨勢是向上還是向下，當行情被過度低估就是買進的時候，當行情被過度膨脹就賣出。

要由股市投資獲利，便宜是第一要件，但便宜指的不是價錢很低，更清楚一點定義「便宜股」，可以說是「由於某種原因大幅上漲後，因為股價調整暫時下跌的股。」便宜股進一步下跌的風險較小，而且極有可能再次上漲。

這裏需要注意的是「便宜股」並不是指「正在下跌的股」。

買進業績非常差，完全進入下跌走勢的股票，只會進一步下跌。這種股沒有上漲的誘因，千萬不能買。

歸納起來「便宜股」具備以下四項特點：

便宜股的特點

1.上漲走勢中暫時調整的股票

由於某種原因股價上漲，上漲後進行調整，而且已經下跌到不會再往下跌的個股。要找出這樣的個股，留心基本面與消息面，看看是否能找出「股價飆漲」的理由，如果是業績大好的因素，等待前一波投資者獲利了結而賣出股票後，此時股價回檔，就是介入的時間點。

2.流動性較高的股票

買進股票，目的就是要賣掉股票，但是有些股票雖然便宜，等到想賣時卻「沒有人想買」，這時行情可能轉入下跌。這

以標準水平為中心，股價在其間上下浮動

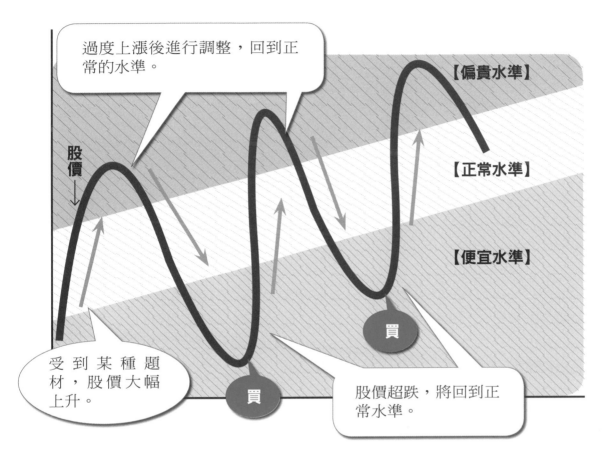

留意低價股出現的題材

不論何種股票，促使股價上漲總是需要某些上漲的理由（題材）。比如，開發了新產品，銷售額倍增，與其他權威企業合作……對企業的將來具有積極作用的材料如果出現，那麼以此為理由，股價將會上漲。但是，如果股價上漲的過程中玩金錢遊戲，上漲的理由就變得微不足道。

「上漲後買進、買進後上漲」股價會出現良性迴圈。這樣，金錢遊戲化後股價通常會到達很高的位置。尤其是低價股在行情好時上漲率往往比大盤平均高。就像大拍賣時便宜貨堆積一樣，資金也易聚集在便宜的地方。對於資金量少的個人投資者來說這是可搭行情順風車的賺錢股，但同時也容易成為有心人士操控股價的標的，所以，風險不小。

一點不管選擇長期還是短期交易都要留意，總之，只有流動性高的個股才是值得買進的。

判別流動性高低可以從成交量觀察，若是成交量每天不滿百張，表示股票乏人問津，風險相對高。

3.價格有動能，容易上漲的股票

價格具有動能且平均上漲率高的個股，對投資人來講很快分出勝負。所以股票持有時間可以很短，投資效率高。

4.市場上受關注的股票

市場上受關注，曾經大幅上漲的個股，調整結束後極有可能再次大幅上漲。

因為市場的資金有限，曾受關注的股票很容易再次成為資金挹注的標的，而資金在那裡行情就在那裡。

便宜股需同時具備四個特質

選擇這些個股，想賣掉時不用擔心賣不掉。而且買進之後還能期待有大幅度的上漲。

1 上漲走勢中暫時調整的股票

2 流動性高的股票

3 價格具動能易上漲的股票

4 市場上受關注的股票

流動性
指與其他物品進行交換的難易程度。交易活躍，只要想交易任何時候都能交易的就是「流動性強」的。

第二十二節　財報與財測

各 大媒體與與財經網站、證券網站都查得到上市上櫃的財報,這些數據已經都被整理過,雖然在使用上比較方便,但如果想看一看公司本身有沒有什麼特別的說明,還是直接上證券交易所公開資訊觀測站最完整。

http://newmops.tse.com.tw

這個網站可以查詢除了上市上櫃外、興櫃與公開發行公司的資料也能查得到,而且還有重大訊息公告是投資人必逛以取得第一手資料的網站。

財測資料的取得

在媒體上我們還是可以看到很多上市櫃公司財測的資料,除了公司自行公布的財測外,外資、券商、投顧以及媒體也會預估,甚至是投資人自己計算貼上網的都有。上網查詢可以直接鍵入關鍵字「券商報告」或「外資評等」之類的,再慢慢找尋。

利用投顧公司的網站直接點選「(預估)EPS」或「(預估)本益比」是最快找得到資料的,但是根據經驗,這些數字準確度只能靠自己「多方參考」了,因為每一家「預估」的都不太一樣。

值得一提的是外資對上市公司的財測、評等與目標價,一般媒體很愛引用,不過,這些資訊是需要付費的,而且價格頗高。蒐集上市公司的財測與相關的研究報告要留心2件事情:

1. 提供資料的券商夠權威嗎?。

2. 發表研究報告的人是誰?他有相當的影響力嗎?外資券商的某些天王級的產業分析師觀點對市場就很有影響力。

證券交易所公開資訊觀測站:
http://newmops.tse.com.tw

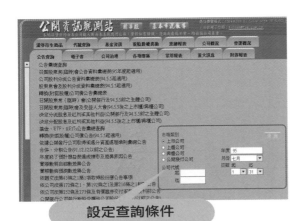

設定查詢條件

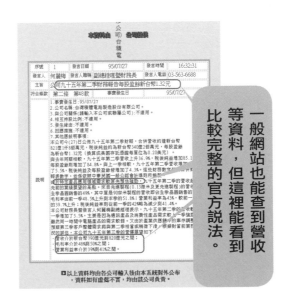

一般網站也能查到營收等資料,但這裡能看到比較完整的官方說法。

▶以上資料均由各公司輸入後由本系統對外公布,資料如有虛偽不實,均由該公司負責。

財測

公司自己公布財測即使與事實有出入也不會受到什麼處份,不過如果情節重大足以影響投資人權益的話,還是會被證交所警告甚至停止交易或下市,甚至公司的財務長、會計、負責人也會被送法辦。

第二十三節　巧用股票篩選器！

在操作實務上現代人買股票還真的離不開電腦。為了有效找到符合自己要求的個股，可以利用網路上的選股功能，輸入設定的相關條件，快速簡單的幫投資人篩選個股。

舉例來說，如果想找成長性高的股票，可以設定條件為「營收成長率在120%以上、營益率在150%以上、PER在25倍以下」為條件。設定成長率提高，PER也需要提高；如果想找股價超跌，就可以設定PBR1倍以下為主要條件，另外再加設PER低、業績有成長的條件；如果想要找高配發紅利的股票，一面要考慮分紅利率，一面要考慮獲利方面的條件。

依此類推。

輸入條件，自動篩選個股

	營收增加了嗎？	利潤成長了嗎？	股價便宜嗎？	
要業績好 + 股價便宜	營收成長率 在**105%**以上	獲利成長率 在**120%**以上	PER 在**5~15**倍	
廉價股 + 目前有獲利 + 未來有想像	與資產比便宜度 PBR 是**0.5~1**倍	股價便宜嗎？ PER 是**5~15**倍	營收減少了嗎？ 營收成長率 在**100%**以上	利潤增加了嗎？ 營益率 在**110%**以上
期待 有高配息	配發紅利？ 分紅利率 在**2%**以上	股價是否便宜？ PER 是**5~20**倍	營收減少了嗎？ 營收成長率 在**100%**以上	利潤成長了嗎？ 營益率 在**105%**以上

也可以從股價圖的條件來尋找！

	均線的買進標誌	出現上漲走勢！
找有上漲標誌 的個股	**黃金交叉**	移動平均線 出現**上漲**標誌

	人氣有沒有？
找「供需良好」的個股	融資餘額 **增加**

篩選時，設定的條件越多條件越苛刻，挑選出來的個股也越少。一般篩選條件是3～4個，篩選出30～40檔個股。再從中一檔一檔比較，比如，將某項條件規定得更嚴格，而適當放寬另一些條件，然後再進行篩選。

注：成長率105%的意思是比前年增加了5%。

使用篩選器，尋找有機會上漲的股票

（圖表資料來源MoneyDJ理財網http：//www.moneydj.com）

第一種：自己設定篩選條件。

第二種：利用網站提供已設定好的程式。

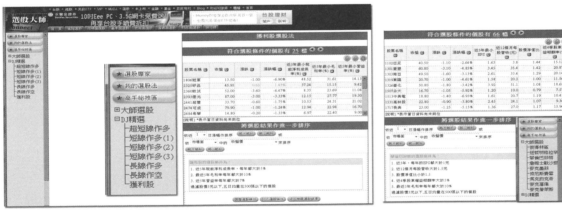

第三種：網友們無私的分享。

NO.	獨門秘技	選股法特性描述	提供高手	公佈日
1	一路飆到掛	強勢順勢操作	3mhouse	97/07/10
2	瑪莉B	飆到讓你意外	3mhouse	97/05/21
3	小美-cci	ereerwr	dja75385	97/05/16
4	小美	3424242	dja75385	97/05/16
5	投信鎖2	352	dja75334	97/05/10
6	投信單日鎖碼	買超大於股本1%	dja75334	97/05/09
7	成長強勢	1.3週RS rank 大於50	jacob1168	97/04/29
8	小兒美	15億以下	dja75242	97/04/22
9	崩盤？	洗盤？ 反轉？	dja75211	97/04/21
10	MITA-01	投機型	dja75198	97/04/18

高手秘技區 排序 公佈日

下一頁 最後一頁 輸入頁次：1 頁次:1/17

5 ▶▶▶ 巴菲特投資神功速成班

第一節　巴菲特投資學，價值投資第一課

想由股票買賣獲得利潤，路徑有很多條，你可以選擇歷險陡峭的坡道——短線交易、當沖交易;也可以選擇上下起伏的不平路——信用交易。

如果選擇了這樣的路，在取得利潤的過程中假設從不發生意外(不過，這幾乎不可能)，這樣的道路是致富最快的捷徑。但是，對於白天工作的上班族來說，短線或當沖交易是沒辦法的，因為一般人很難同時承受兩種那麼深重的壓力(一邊要上班，一邊要執行交易)。

借錢買股票(信用交易)雖然有其好處，但投資人同時得克服貪念，並時時處在戒慎恐懼之中。當然還得祈禱不遇上像2008年金融大海嘯般難以避免的災難。

投資沒有一種方法是100%好，每一種投資方式都有其優缺點，但若是你希望從5萬元、10萬元這種誰都能拿出來的小資金開始一步一步的投資股票，那麼，選擇以「現貨投資」雖然是一條慢而彎曲的道路，但是它能夠讓你相對安全的通往目的地。這種以穩紮穩打的從基本面分析為出發，最經典的代表人物就是股神華倫·巴菲特(Warren Buffett)了。

巴菲特的投資哲學了不起的地方在那裡呢?

這位僅僅透過「選股」就能累積財富成為全球第二富有者(以富比士Fobes雜誌於2009年3月公佈的全球富豪排行榜The World's Billionaires為準)，巴菲特以其獨特的買進持有(buy and hold)方式構築了鉅額的財富。他的財富不是靠鋌而走險的短線、信用交易而來，也不是像其他富豪是透過繼承遺產或是經營企業，純粹是投資股票獲利。

一般投資人常要決定:什麼時候買?買多少?買什麼?

但巴菲特卻說，那是因為人們深信投資世界很複雜，但他的投資哲學則很簡單——遇到好企業永久持有。

下一節起，我們就把巴菲特重要的投資理念用圖解方式說明。

世界富翁前十名

資料來源:富比士《Fobes》雜誌於2009年公佈的全球富豪排行榜 單位:億美元

排名	姓名	資產	國籍	職業
1	比爾-蓋茲 (William Gates III)	400	美國	微軟創辦人
2	巴菲特 (Warren Buffett)	370	美國	股票投資者
3	卡洛斯-斯利姆-埃盧 (Carlos Slim Helu)	350	墨西哥	墨西哥電話公司董事長
4	勞倫斯-艾里森 (Lawrence Ellison)	225	美國	甲骨文執行長
5	英格瓦坎普拉 (Ingvar Kamprad)	220	瑞典	IKEA創辦人
6	卡爾-阿爾布萊特 (Karl Albrecht)	215	德國	經營折扣連鎖超市 Aldi企業(哥哥)
7	穆克什-阿巴尼 (Mukesh Ambani)	195	印度	信誠工業 (Reliance Industries) 第一大股東 兼首席行政官
8	拉克希米-米塔爾 (Lakshmi Mittal)	193	印度	Mittal 鋼鐵 公司執行長
9	台奧‧阿爾布萊希特 Theo Albrecht	188	德國	經營折扣連鎖超市 Aldi企業(弟弟)
10	.阿曼西奧-歐特嘉 (Amancio Ortega)	183	西班牙	ZARA服飾執行長

只進行股票投資,也能成為全球大富翁!

現貨投資

買股票可以選擇採用信用交易(前題是必需先開立信用交易帳戶)或是用現金買進。現貨投資指的是沒有向證金公司融資借款買股票,而是用現金買進股票。用現金買進的股票,又稱「現股」。

第二節　買進的是企業，不是股票

本 節先了解巴菲特被稱為最強投資家的理由。

波克夏BERKSHIRE公司原本是一家很小的纖維公司。1965年巴菲特將其收購。之後，巴菲特領悟到纖維產業沒有未來，於是將該公司變成了現在所說的「控股公司」。然後，巴菲特開始投資保險和銀行業，並用獲得的利潤進一步投資於股市。

讓資產飆漲數千倍的股票投資

結果，該公司成為大量持有股票的一流企業，無人不知、無人不曉。更叫人讚嘆的是波克夏的股價也不斷上漲。1965年，巴菲特買進該公司股票時，他以50美元的價格買進，2005年第4季度市場價格最高值是1股9萬1200美元，成長2764倍!

這樣的成績相當傲人。

如果把巴菲特的操作績效跟美國"S&P500"指數相較。從1965年到2005年為止，S&P500的運用成績是年利率10.3%，而巴菲特的實績卻高達21.5%!

如果你在1965年向BERKSHIRE投資了1萬美元，2005年的資本就是3000萬美元以上。同樣的1萬美元如果投到S&P500，只有不到56萬，這兩者的差別很明顯。

個人投資者一般以為如果不擅長把握經濟和景氣動向、利率變化和匯兌市場，就無法進行投資。也就是說，他們認為宏觀變化對股價產生很大影響。但巴菲特幾乎不在意經濟統計和整體行情的變動。他認為市場會受這些因素影響，但是對個別股價造成的影響並沒有想像中的絕對。

買進的是企業，而不是股票！

巴菲特的基本投資哲學就是關注個別企業的基礎條件。

對於巴菲特來說最重要的不是市場周圍的"外部原因"，而是能夠判斷企業本身價值的"內部原因"。也就是說，股價反映企業的價值。

企業理所當然要不斷努力以提高企業價值，而找出將來價值大幅增加的企業，並投資它就是巴菲特的投資信念。

近年對沖基金(hedge fund)在全球進行轟轟烈烈的投機活動。他們投資大量資金，強行操作市場價格，在上漲後賣掉，賺取差額利潤。這種「動」的投資變動很大，也因此，很多人認為「股票市場很複雜」，而一直被這種市場的「動」所牽引，個人投資者容易被迷惑。但巴菲特採取「靜」的投資，他的做法是"完整的投資"。這實際上很容易弄懂，也就是買進認為具有購入價值的企業，相較之下，這是一種簡單明快的投資方式。

巴菲特的投資實績與投資哲學①

*1964年在波克夏與S&P500各投資1萬美金40年後的運用實績－

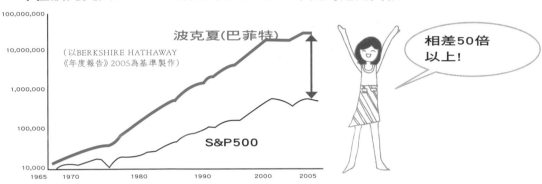

*巴菲特的簡單投資哲學①－

個人投資者
該關注的事

內部因素

企業基礎指標
・業績、資產
・產品、銷售
・經營者的態度等

外部因素

市場狀態
・對沖基金等高收益
交易
・股市行情的混亂

巴菲特的投資哲學是:
簡單的考慮該家企業的經營是否
具有競爭力，不用拚命的去思考
大環境那種複雜的問題，因為那
樣只會得出複雜的結論讓自己的
投資處在不安定複雜中。

思考方向愈簡單，能量會愈大！

第三節 徹底研究企業，就夠了

想和巴菲特一樣，不在意經濟環境數字好壞和行情，這樣要求投資人事實上是很難做到的。在資訊社會，即使自己不去找資訊，資訊也會闖進來。

在電視、報紙、雜誌上，很多經濟評論和經濟學家都在預測股市行情和金融市場，他們真的「猜」中了嗎？幾乎沒聽說過他們按照自己說的做最終成為有錢人。

將市場變動關在門外

巴菲特的投資標的總是挑選那些不受短期經濟變化影響的企業，因為他認為只要投資對的企業，其股價短期漲跌沒有任何意義，留意它反而是一種干擾。

如果你想成為巴菲特，嘗試體驗「不為市場所惑」的投資規則也是一種樂趣。試著不去在意報紙和電視的經濟新聞，剛開始嘗試3天，下一次1周、然後1個月……延長隔絕資訊的時間，只是簡單的持有股票看看會發生什麼事情。

如此，不就是個懶散的投資人嗎?

不是的。巴菲特認為，只要研究企業就足夠了。

巴菲特透過如此的方式投資，構築了鉅額財富，因為他對股票投資一直保持著高度熱情。這種熱情讓他總能鎖定目標進行企業調查、研究並享受選擇企業過程。

他說，結果將成為過去，尋找投資標的時最快樂。因此，他很喜歡閱讀企業的年度報告。挑選企業，確認成長性和經營者的資質。然後判斷買進時股價是否合適。如果股價便宜，那就更好。

巴菲特好奇心強的性格也是他投資成功要素之一。他追根究底的個性使得他對投資標一定完全研究通徹，他一生都信奉「不對不知道的投資」，對於他來說，他並不對股價投資，而是對企業投資。

巴菲特在高中時代曾讀過葛拉漢(Benjamin Graham)的《聰明的投資者》，對他的理論崇拜得五體投地，後來在哥倫比亞大學聽葛拉漢的授課。課堂上有20位學生，葛拉漢和巴菲特的對答幾乎佔據了全部時間。在證券公司擔任分析師的葛拉漢，大概是世界上最早擔任企業財務分析職務的人，他在40歲時，與友人合著《證券分析》，明確分析了"投機"和"投資"的區別。在書中，他提出投資是指「以徹底分析為基礎，保證本金的安全，能夠獲得滿意的分紅」，不符合這幾個特點的所有行為都只不過是"投機"。

當時，在股票市場上，沒有事先徹底分析的風氣，毫無根據的投機交易盛行。所以，葛拉漢的想法震驚了世人。

葛拉漢強調，股價本來就應該反映企業業績。從這個想法出發，當股價下跌遠偏離於企業本來價值時，就能買進股票。

巴 菲 特 的 投 資 哲 學 ②

*巴菲特的簡單投資哲學②一

個人投資者
該關注的事

企業財報
· 業績、資產
· 產品、銷售
· 經營者的態度等

媒體財經消息和行情
· 平均股價的變動
· 專家對短期股市行
情和金融市場的預測

巴菲特的投資哲學是:
了解企業

發現喜歡的企業

不隨媒體與行情
起舞將賺更多！

葛拉漢企業價值理論

葛拉漢主張要對企業徹底的分析。

第一，對於目標企業，要收集能夠調查到的所有因素進行整理。

第二，資訊從哪裡來呢？也就是，注重資訊的質量，判斷是否正確反映事實。

第三，思考上述的問題，決定是否有投資的魅力。

巴菲特在後期，感覺到了葛拉漢理論的局限性。他認為僅僅通過以數字判斷為主的葛拉漢理論，無法把握企業的整體情況，他開始了自己獨特的投資。不過，理論的骨架都是繼承了葛拉漢理論。

第四節　葛拉漢的安全邊際理論

葛拉漢認為，從企業業績來看，股價便宜的企業具有投資魅力。

正確判斷企業的股價是否便宜並不容易。葛拉漢指出，應該認真分析企業的資產負債表和損益表;分析企業資產和利潤、分紅的妥當性、將來的收益力，以此做為判斷標準的依據。投資時，在一定程度上可以以ROE（股東權益報酬率）、PER（本益比）為基準。葛拉漢透過徹底的財務分析，也就是數字研究來判斷企業價值。因此，他的理論稱為「定量分析」。

安全邊際(Margin of Safety)

此外，葛拉漢也創造了「安全邊際」的概念。安全邊際指的是企業的真實價值與股價之間的 "富餘" 部分——股價如果低於真實價值，安全邊際高，值得買進;股價和企業真實價值接近時，安全邊際低不能買進。

用白話來說，評估企業股價時，依據經濟與產業未來、財務精算等綜合計算的結果，如果計算出這家企業每股實際價值是70元，而且設定它的安全邊際是20%，那麼這家企業的股價應該要低於56元【70元×(1−20%)＝56元】才能買進。

葛拉漢以企業的 "純資產" 為出發點計算安全邊際。

從現金和債券等流動資產減去借入金額等流動負債，能夠算出純粹的流動資產。如果股價遠遠低於純流動資產除以已發行股數所得數值，那麼安全邊際高。

另外，他主張「股價低於每股純資產的2/3」算是「安全邊際高，買進」。總之，他認為應該投資純資產多的企業，也就是即使減掉負債仍有資產剩餘的企業。

本益比(PER)

同時，葛拉漢認為本益比(PER)低不低也很重要。也就是股價越接近每股利潤，越能反映股價的「真實情況」，持有這種股票就越安全。

在股票市場上，投資大眾的心理比純粹的企業價值影響更大。

在下跌行情時，投資者容易傾向避免投資，因此，股價極有可能低於實際的價值;相反的，在上漲行情下，投資者投資勢頭強勁，股價多半比真實價值高。

上漲行情投資勢頭強勁，股價大幅度高於真實價值，市場過熱;如果下跌劇烈，投資者感到害怕，將不斷賣出。

行情劇烈變動時，感情用事的投資者會嚴重受傷，但是如果以數字為依據，冷靜分析企業，失敗也能減少。

葛拉漢認為1.安全邊際富餘;2.本益PER低的企業是值得投資的股票。

葛 拉 漢 重 視 的 投 資 指 標

奇摩YAHOO(tw.yahoo.com)→股市
→輸入股號→公司基本資料

公式:本益比(PER)
股價÷每股盈餘

範例:2008.10.17台積電收盤價:44.95
當天的PER=44.95÷4.68=9.6(倍)

獲利能力(97第2季)		最新四季每股盈餘		最近四年每股盈餘	
營業毛利率	45.97%	97第2季	1.12元	96年	4.14元
營業利益率	36.06%	97第1季	1.10元	95年	4.93元
稅前淨利率	37.62%	96第4季	1.31元	94年	3.79元
資產報酬率	4.90%	96第3季	1.15元	93年	3.97元
股東權益報酬率	6.04%	每股淨值:	17.11元		

公式:股東權益報酬率(ROE)
稅後損益÷平均股東權益

ROE是衡量公司能為股東創造利潤多寡的指
標,也就是股東每投資1元可以享有的報酬
率。

公式:股價淨值比(PBR)
股價÷每股淨值

範例:2008.10.17台積電收盤價:44.95
當天的PBR=44.95÷17.11=2.63(倍)

安全邊際應該多少?

安全邊際應該設在多少才合理?並沒有一定,以1973年巴菲特買華盛頓郵報為例,由於當時美國經濟不景氣再加上水門事件的影響,當時巴
菲特的買價約華盛頓郵報內在價值的1/5,也就是安全邊際係數高達80%。

第五節　從素質分析個股

巴菲特還受到過一個人的影響，他就是菲利普· 費雪（Philip A. Fisher）。

費雪畢業於史丹佛大學研究所，畢業後在銀行擔任分析師。在研究生階段，費雪的指導教授在課堂上帶學生訪問企業，與經營者對話。這樣的經驗使他見識到不同於葛拉漢的企業價值判別法，也就是「企業價值取決於經營者的素質」。

費雪堅信，在投資中要能獲得利潤，有兩點很重要。1.發現潛在成長力超過平均水準的企業;2.投資具有優秀經營者的企業。

費雪認為在選擇企業投資時，要關注企業的經營方法，也就是定性分析。

與其關注利潤不如看經營者態度

費雪關注的是銷售和利潤是否可以超過業界平均水平。再從其中選擇成本低，而且一直在努力改善現狀的企業。

利潤率高的企業更能夠受得住經濟蕭條。除此之外，改善意識強的企業能在競爭中取得勝利，變得更強。

費雪也發現，擁有某些產品和服務，在今後幾年能夠估測大幅度銷售額增加，也是成為優良企業的條件，經營者是否具有堅定的經營方針同樣不可缺少。

為了使企業成長，經營團隊需要快速意識到顧客動向、需求變化以制定明確目標整頓市場。經營者必須為此加強研究開發，構築銷售系統。

費雪不僅以簡單的企業利潤率為判斷基準，還同時關注維持發展、不斷改善的企業態度。把所謂經營者「素質」作為選擇企業的條件。

成長率高的企業經營者，為了維持好業績，會努力與員工保持良好關係，費雪對這樣的經營者態度評價很高。

費雪所關心的企業是「質」的部份，僅僅從外部來看是無法判斷的。只能透過會計管理系統，判斷經營資源是否分配合理。

費雪的觀點與葛拉漢不同:葛拉漢認為數字最重要，而費雪認為素質很重要，很重視經營力的因素。

巴菲特從葛拉漢那裡學到了比較股價和企業價值的概念;而從費雪那裡學到了評價經營素質。

巴菲特將這兩者結合，形成了自己的方法，因此他自己也說「我是85%的葛拉漢，15%的費雪」。

費雪的企業診斷法

買進前,審核你想投資的企業是:

是否是持續成長的企業

	YES	NO
銷售率是否高於業界平均水平	✓	
是否留心開發新產品和提高服務	✓	
是否比業界競爭對手更有優勢	✓	

是否擁有優秀的經營陣營

	YES	NO
考慮的不是自己本身的利益,而是股東的利益	✓	
員工們是否擁有熱愛公司的精神	✓	

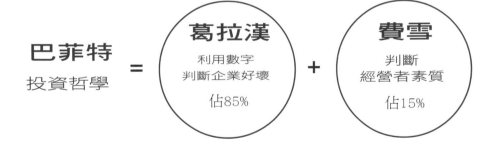

巴菲特 投資哲學 = **葛拉漢** 利用數字 判斷企業好壞 佔85% + **費雪** 判斷 經營者素質 佔15%

定性與定量分析

葛拉漢強調定量分析,費雪則強調定性分析。但在股票價值評估時兩者是不可分割的。

成功投資股票的基本是準確預測未來,而預測未來趨勢的前提是過去歷史。

分析企業需要對企業歷史經營記錄定量分析和未來經營預測定性分析。

巴菲特恰到好處地綜合了這兩位投資大師的哲學形成了自己的投資策略。他指出,以投資為目的評估企業的時候,總是得同時將定性和定量因素參酌考慮。當然,所有的分析師都在某種程度上混合使用了上述兩種方式,不可以採用某一種因素之後,就完全摒棄其他因素。

第六節　等待＋完全自己研究

巴菲特之所以能夠取得今天的成功，「不依靠他人，凡事都由自己思考」是重要關鍵。形成這樣投資風格，可以從他小時候的投資經歷看起——

11歲學到投資需要忍耐與等待

巴菲特的父親曾經擔任股票經紀人。在巴菲特的童年時代，父親的生意不算很成功，巴菲特在8歲就開始閱讀父親寫的股票書，11歲第一次買進了股票，當時他和姐姐一起買進了cityservice公司的股票，每股38美元。但這個股票不多久就下跌到了27美元，急躁的巴菲特在股價回到40美元時賣掉了股票。幾年後，cityservice上漲到了200美元，巴菲特很後悔自己慌張賣掉了股票。從這次事件中，他體會到了忍耐並以長期觀點持股的重要性。在那次經歷之後，他一旦購入了股票，再也不會魯莽賣出了。此外，他也確立了自己的投資哲學——如果持有真正有價值的股票，必定能夠長期創收鉅額利潤。巴菲特的股票是以10年為單位，他的投資風格屬於慢悠悠只站在長期視野觀察企業，而他也一向倡導股票如果沒有持有10年的準備，那麼，連10分鐘也不要持有。他曾形容「心血來潮進行交易的急性子等於是在股市將金錢轉讓給耐心準備的人」。

巴菲特要投資人假設一種情況來訓練自己，那就是「從買進股票的第二天，想像市場長期關閉」。

買進後的第二天，如果出現市場無法交易的情況，一般投資者必定會非常不安。但巴菲特建議投資人改變想法，「市場沒有，並不代表企業也不存在」。這樣一來，我們就不會去在意每天的股價。

每天股票的價格都在變動，但企業本身的價值並不會像股價一樣變化。如果你要進一步確認股價，應該把這個時間用在評價企業的事業上。

除了自己思考與研究，沒有捷徑

巴菲特能成功的另一祕訣是完全靠自己，他曾說「只要自己不去思考，即使結果正確，自己也學不到東西。」也就是說，不要被他人的意見所左右，要使用自己的頭腦判斷是非。對於一般投資人而言，即使自己可支配的錢不能跟巴菲特相比，但建立自己一套穩固的投資哲學是每位投資人必備。巴菲特斷言，在很多職業中，普通人比不上專家，但投資不一樣!

任何行業，專家比業餘者有優勢，但是"投資"這件事不同，即使業餘愛好者，也能通過巴菲特一向信奉的價值投資（判斷企業價值，然後投資）這種簡單方法取得成績，而且可能比使用複雜交易系統投資的專家更好。

自己思考清楚，要能打破 "投資神話"

1
如果不能預測市場如何變動，就不能投資。

2
能預測未來，以此為基礎做正確投資。

6
了解專家們的投資系統，才有機會獲利。

NO!

3
集中投資風險大，所以應該分散投資。

5
門外漢投資很難，應該聽取專家的意見。

4
為獲得高收益，就一定得冒大風險。

巴菲特認為，別陷入這些投資神話，應該用自己的腦子好好思考，才是獲利的關鍵。

第七節　徹底清楚企業賺現金的方法

這裏要重申一下，巴菲特買進的不是股票，而是企業。

受費雪影響，他比一般人更注重「經營者素質」這種非數字可以研判的細節。

選擇有價值的企業

為了買進企業，熟悉企業的經營內容很重要。有必要設置一些標準，像是業績是否穩定、今後是否可能持續成長、品牌效應是否確立等等。

受到費雪的影響，巴菲特同時還很重視企業經營者的素質。而經營者最大的責任和義務就是提高企業價值。

提高企業價值，就是判斷公司經營狀況，不斷探尋成長的動力，經營者應堅守企業經營並滿足股東要求的責任。

經營者的努力如果能使企業價值提高，將直接關係到股東利潤。企業正是因為保管股東資本，所以才能運營，企業活動的進行是為了股東、員工、客戶等利益相關人員，而不是為了經營者個人。

巴菲特相當重視經營者是否在為股東努力，他認為經營者不僅應給股東分紅，同時還要站在長期立場，展望企業成長。

因此，巴菲特摒棄短期利潤，最被全球投資人津津樂道的是，他非常重視由財報中所計算出的ROE(股東權益報酬率)指標，ROE的數值愈大愈穩定，就表示經營

愈有效率，跟一般投資人極度在意企業「賺多少錢」的風格相當不同。

特別重視現金流量

大部份的投資人都過於重視損益表上的收益數字，不太注意賬戶上現金的多寡。也有人不能理解，已經有了資產負債表來反映上市公司的資產狀況，又有損益表來反映上市公司的經營業績，為甚麼還要編制一個現金流量表呢？

但巴菲特非常重視現金流。

他分析公司的財務報表時，最重視現金流量的計算，他稱之為業主收益，也就是現金至上。

為什麼特別重視現金？

因為現金讓公司能夠順暢繼續營運。公司無法用盈餘去支付員工的薪水，各種的開銷如水費、電話費、電費、所得稅等。盈餘不是真的錢，現金才是真金白銀，同時現金是無法捏造的，它是衡量公司財務的關鍵。

巴菲特深知資產負債表和損益表不管再怎樣有用，它們的假設和估計都會產生許多潛在的偏差，可能會造成資產負債表和損益表資料的扭曲，相比之下，採用現金流量表卻是一種可選的方案。"現金"畢竟跟"盈餘"有差別，檢視公司的現金流量表，就是間接檢查公司的銀行賬戶。

巴菲特特別重視企業現金的流動情況

路徑

yam-股市(www.money.yam.com)
→輸入股號
→財務報表
→現金流量表

台積電 2330 現金流量季報表(累計) -- 一般產業

單位：百萬元 |季報表|年報表| **最後更新日期：2008/8/26**

期別	2008 前2季	2008 第1季	2007	2007 前3季	2007 前2季	2007 第1季	2006	2006 前3季
來自營運之現金流量	96,525	54,446	174,117	117,144	69,697	35,861	196,080	146,197
投資活動之現金流量	-12,168	-7,654	-65,941	-55,084	-23,282	-13,485	-117,302	-89,491
理財活動之現金流量	-10,033	-3,344	-135,893	-85,695	-3,297	-2,763	-64,022	-64,304
匯率影響數								
本期產生現金流量	74,324	43,447	-27,718	-23,636	43,117	19,612	14,756	-7,598

正值為現金增加；
負值為現金減少。

現金的流入量與流出量就好像一家公司的脈搏，現金流量表顯示了一家公司的資金運用與資金來源。公司營運衰退的原因有很多種，然而，最後拖垮一切的，都是因為現金消耗完了。

現金流量表的優點：

一、不受非現金項目會計處理的影響。
二、代表著該年度的現金收入。
三、可以揭示出在損益表中未涉及的項目。

價值投資

本文所指的價值投資是葛拉漢所倡導的「股價大幅度低於企業真正價值時，買進」。
儘管如此，很多人可能會很困惑「怎樣僅僅透過自己的力量來判斷?」具體方向如下：
第一，了解會計的基礎知識，學會財報是一定要的。
第二，聽取證券公司、分析師、顧問等的意見。他們推薦的個股也有正確的資訊。但是，不能囫圇吞棗。可以作為參考意見聽取，然後進行分析。有時候要自己調查他們熱心推薦的標的。趁股價「打折時買進」。

第八節　該買就買，該賣就賣

許多人誤會了巴菲特「買進並持有」的概念，以為他買定離手就永不脫手，錯了!在企業出現不合標準時，巴菲特會明快的賣掉，一張也不剩。

巴菲特一旦投資企業，就會一直關注該企業。即使如此，當企業的性質變化，或者經營團隊摒棄理想，或者企業周圍環境改變時，他會賣掉股票。

比如，2000年他曾經處理了大量迪士尼股票。原因就是迪士尼已經不再像以前一樣製作優秀影片而變成一家關心IT行業的公司。加上經營陣營將巴菲特最討厭的鉅額股票選擇權送給了自家人。不知什麼時候，迪士尼已經不再是符合巴菲特標準的公司了。

投資是永久，但不合標準時，賣

巴菲特會在如下情況下處理股票。

首先，就像迪士尼例子一樣，企業在不符合他的投資標準時，賣掉。

其次，發現了比現在持有股票更有優勢的投資標的，他也會考慮賣掉手頭的股票，將出售獲得的資金用於投資更有優勢的物件。但事實上，這種為了買進更值得投資的股票而賣掉手中持股的案例巴菲特也只在初期用過，現在他資金很豐富所以不怎麼用了。

當然，即使是投資大師也有看錯的時候，當巴菲特買進後意識到自己犯錯時，也是會毫不猶豫的斷然賣出。

巴菲特對於出錯時的賣出非常理性而明確，不被感情所左右。並且一貫堅持自己所定的規則。

投資最大的敵人是自己

然而，一般投資者通常沒有明確的標準。買進股票之後總是不斷的把目標放在行情漲跌而非企業本身的「經營品質」上面，如此往往越讓人感到不安。人一旦擔憂加重，就無法正確判斷。

比如，如果手頭上的股票暴跌，有人會立即陷入不安，即使知道賣了就虧損，也會想賣掉。或者，出現利潤後，一直擔心不知什麼時候會下跌。一般投資者為什麼會因為持有股票而時時不安呢?

一個重要的原因是投資人本身尚未建立自己明確的投資哲學和判斷標準。如果感到不安，首先應該再次評估該企業的長期基礎指標和業績。如果判斷賣出比較好，可以立刻賣出。

葛拉漢曾說:「投資最大的敵人是自己。」投資人若能好好的想清楚這一層道理，就會在投資的基礎標準上打下牢牢的一樁，將來要建立自己的交易獲利模式是很重要的。

有效的 "賣掉" 戰略

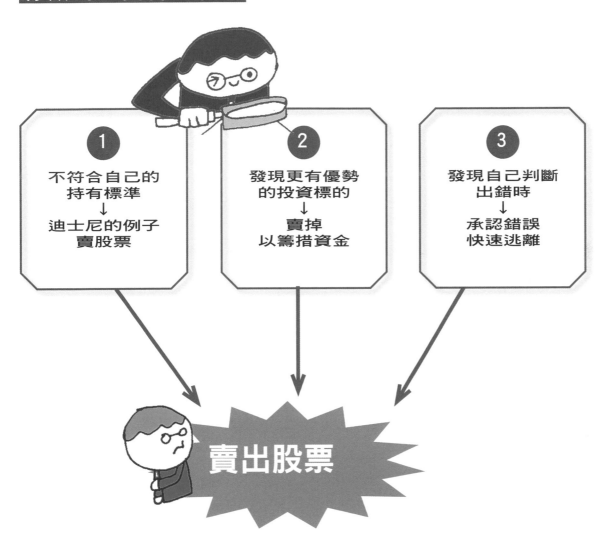

①
不符合自己的
持有標準
↓
迪士尼的例子
賣股票

②
發現更有優勢
的投資標的
↓
賣掉
以籌措資金

③
發現自己判斷
出錯時
↓
承認錯誤
快速逃離

賣出股票

股票選擇權

給予公司職員該公司股
票購入權。相當於第二
獎金。

第九節　拿手領域之外絕不出手

很多人認為，為了獲取像股票這樣的利潤，冒險是一定要的。不過對於巴菲特來說，股票投資是對企業的投資，絕對不是賭博。因此，他只對自己瞭解的企業投資。他說「與其要辛辛苦苦的從投資錯誤的麻煩中擺脫出來，還不如一開始就不要靠近。」

看看巴菲特是怎麼思考?怎麼執行的?

只做集中+拿手的領域

就像巴菲特所說:「重要的是在自己的地盤上一決勝負。這個地盤有多大不重要，重要的是它界限有多清晰。」換言之，就是嚴格挑選投資標的的同時，也很明確自己的投資目的。

巴菲特的思考方法——

① 瞭解自己對什麼感興趣?對什麼樣的企業投資會感到滿足？

② 對企業與市場，自己瞭解什麼？

③ 今後自己想知道什麼？

以上三點如果回答得連自己都聽不懂，最好暫時放棄投資。等能夠具體回答後才開始投資。

為了獲利，明確自己的投資範圍不可或缺，而且也要堅持不涉足自己沒有把握的領域。即使是巴菲特，如果讓他預測所有股票的變動也必定會閉口無言。

但是，如果是關於他研究過而且是他感興趣的企業，準確率則高得令人吃驚。

他經常把自己的投資方法比做棒球。股票市場這個「投手」會不斷向站立在擊球區的投資者投擲股票，以吸引人們出手打擊。但投資人要假設，在打擊區自己只有20次揮棒的機會。既然機會有限，打擊手站立在擊球員位置前，要先設定好只打什麼球。若能夠弄清楚自己拿手的球路並選擇性揮棒，漂亮打擊的機率就會提高。

保證本金安全是第一重要的事

任何情況下都不能出現損失!是巴菲特的另一個信條。但是，說起來容易做起來難。普通投資者都太貪心，一心想要賺大錢，結果連本金都保不住。

所以安全是投資前第一考慮，換言之保住本金是增加資產的大前提。

假設投資失敗，失去了本金的一半。為了取回失去的部分，就必須讓獲利加倍才能補回損失。如果以平均20%的高利率計算，要補回原先損失一半的資產需要四年時間。眾所周知，保證平均20%的報酬率並不容易。

說到「保證本金」，投資人可能會不知所措。一直以來，大家都認同收益伴隨著風險，能夠優先保證本金嗎?這當然要有巴菲特研究的精神與投入。

避免損失，要等待目標出現才行動

股票市場

不同企業、不同經濟景況、不同行情

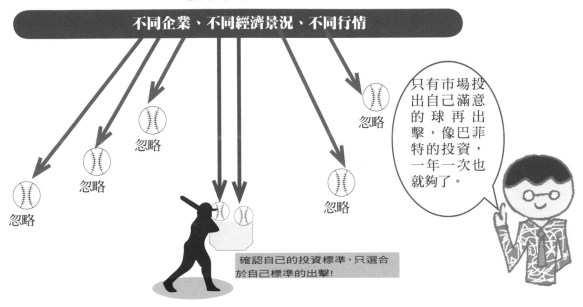

忽略

忽略

忽略

忽略

忽略

忽略

確認自己的投資標準，只選合於自己標準的出擊！

> 只有市場投出自己滿意的球再出擊，像巴菲特的投資，一年一次也就夠了。

股票市場

第一重要的是保證本金不失損失!

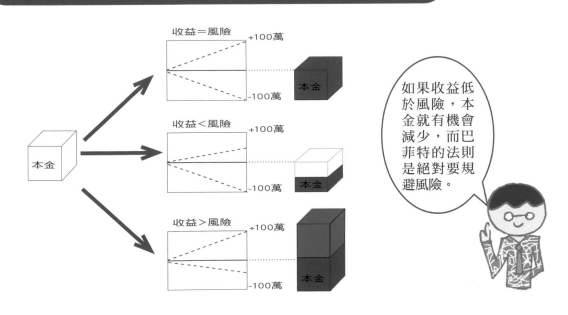

收益＝風險 +100萬 -100萬 本金

收益＜風險 +100萬 -100萬 本金

本金

收益＞風險 +100萬 -100萬 本金

> 如果收益低於風險，本金就有機會減少，而巴菲特的法則是絕對要規避風險。

第十節　讓投資充裕的安全富餘度

一般認為追求高報酬必伴隨高風險，換句話說，如果希望得到高收益，冒高風險也沒關係……。如果認同這個邏輯，投資人可能會把資金放在未來獲利可能很好，但不能確保本金安全的股票。

但是從巴菲特的投資角度來看，這是不正確的方法，他非常討厭風險！他拼命的尋找規避風險並能提高收益的方法。他曾說「在我的字典裏，沒有風險的概念。」之所以這樣說，因為對於巴菲特而言，風險是可以測量的、可以規避的。

選擇安全富餘度高的企業買進

就連巴菲特這樣的投資達人，從種類繁多的股票中尋找「安全可靠」的標的也不容易(所以，他的持股種類一向不多)。因此，他只投資符合自己哲學的股票。

他在進行投資時，首先考慮投資是否可靠。他所謂的「可靠」就是以低價買進健康、有魅力的公司，如果能夠集中投資可靠企業，就能減少風險。他以前文提過的安全邊際為依據管理風險、降低風險。也就是求取最高的安全富餘度，當企業的真實價值和股價相比「安全富餘度」愈高，就愈具有買進價值。

這就像一位長年駕駛汽車的人，總能培養迅速判斷危險的敏感度，也懂得眼前出現危險時怎樣對應，為了避免風險，無意識中就採取了最合適的行動。

股票投資也一樣，隨著不斷積累知識和經驗，就能提高對市場的瞭解程度，預測是否危險，判斷哪里危險。如果能夠迴避危險，集中在安全的部分進行投資，就能降低風險。

風險，來自不了解自己在做什麼

還有一些對風險的誤解。比如，採取短期交易者認為在遭行情急速下挫時，採短線交易能夠立刻停損賣掉，風險較小。

事實未必如此。

普通投資者通常在股價下跌後感到不安，多半會賣出。但是，等到價格再次上漲後，又會慌忙買回。因為自己沒有明確的方針，所以受到行情動向的擺佈。

但是，如果反復這樣，最終只不過是花費了一大堆手續費和差額損失。如果是長期投資，就沒有必要在意眼前的股票動向，還可以把時間用在選擇其他股票上。

此外，巴菲特一直採現貨交易，並且不碰衍生性金融商品，尤其像期貨價格變動劇烈，必須經常關注行情。這樣一來，就沒有時間去尋找其他有希望的股票。總之，如果能夠買進安全富餘度高的股票，就不易產生風險。

迴避風險的構思方法

START→　　　　　　　　　**在這裏總結了預測風險、迴避風險的法則。**

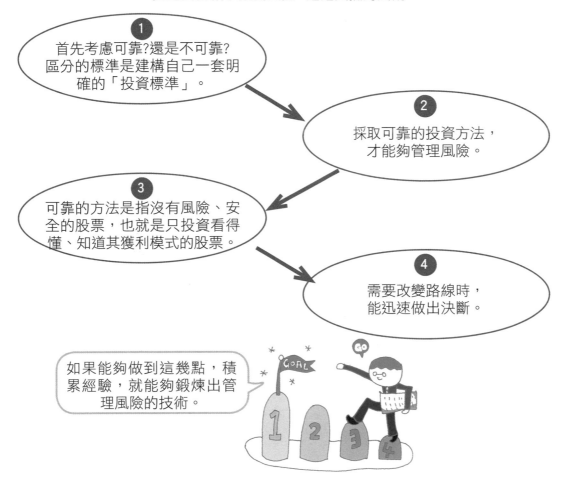

1 首先考慮可靠?還是不可靠? 區分的標準是建構自己一套明確的「投資標準」。

2 採取可靠的投資方法, 才能夠管理風險。

3 可靠的方法是指沒有風險、安全的股票,也就是只投資看得懂、知道其獲利模式的股票。

4 需要改變路線時, 能迅速做出決斷。

如果能夠做到這幾點,積累經驗,就能夠鍛煉出管理風險的技術。

ETF指數型股票基金

ETF指數型股票基金,是一種兼具股票、指數基金特色的金融商品:指數漲多少,ETF就漲多少。此外,ETF雖然是基金的一種,但它跟股票一樣在交易所掛牌買賣,與一般上市櫃股票相同,買賣方便。

股票投資的新手並不一定從一開始就能遇到自己想買的企業。這種情況下,可以嘗試ETF。不過,巴菲特並不建議這種交易方式。但新手從投資ETF可以感受整體股市平均的變動。習慣之後,再進入個別股票選擇,也是方式之一。

第十一節　市場恐懼時，貪婪買進！

葛拉漢曾說：「股價變動只教給我們一件事情，那就是暴跌時買進，暴漲時賣出。」當市場暴跌時，受到周圍影響而賣出股票就跟掐自己的脖子無異;這句話同時也告誡我們，在過熱行市下買進價格高的股票很愚蠢。

巴菲特忠實的堅守這個原則。

人類的感情往往會超過理性。在市場上，人的貪婪和恐懼被行情左右，結果使行情出現大幅變動。此時很多人會無視企業的基礎指標，人的心理使得股價到達遠遠偏離於真實情況的高價或低價。

巴菲特將這樣的行情變動用擬人化的手法，稱之為 "Mr.market"。這是象徵市場反復無常的詞語，反映投資者和市場情緒。巴菲特一貫主張行情本來就是 reasonable（合理的），股價最終由企業收益和未來性決定，即使會擾亂投資者心理，但總有一天會平息在應該穩定的水準。感情用事、被周圍的熱情影響的人，原本就不適合投資。

頻繁的買賣必定會減少財富

總之，不要捲入周圍的感情漩渦，以數字為依據認真分析企業，就能夠進行合理正確的判斷。巴菲特的行動哲學很簡單。等待股價下跌到自己認為合適後買進。如果進一步下跌，再繼續增加買進，如果轉入上漲就靜觀情況，僅此而已。不過，要投入實踐需要勇氣，需要不被每天市場變動誘惑的忍耐力。而巴菲特只有在認為「就是這裏」時候才行動，他在這方面是做得最成功的人。

市場低靡時才是機會

普通投資人在股價下跌後對自己的研究信心動搖，明知道有損失仍從市場中逃出來。但是，巴菲特歡迎股價暴跌。因為會出現買進機會。

實際上，在行情暴跌，大量優良企業股被賣出時，他則買進。

相反的，行情絕佳人人都想買進時，巴菲特會往後退，在一邊觀望。

60年代，美國的股票市場掀起泡沫。門外漢都進入市場，股價急劇上漲。當時，巴菲特在一旁不做聲。股價偏離本來的價值，與業績沒有任何影響一直上漲。

不久進入70年代，行情暴跌，呈現有如宴席之後的狼藉景象。投資者陷入不安，連續優股也被便宜賣出了。巴菲特就在那時行動起來。他自己進行調查，大量購入認為是優良股的股票。華盛頓郵報和GEICO就是當時買進的。

說起來，巴菲特的行動與行情正好相反。行情過熱時，他很安靜。人們都不安的拋售股票時，他則不斷買進。

巴 菲 特 發 現 便 宜 股 的 方 式 之 一

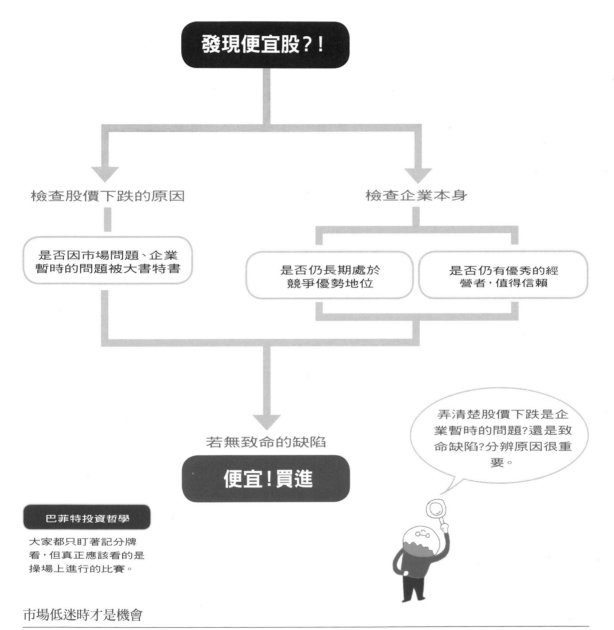

發現便宜股?!

檢查股價下跌的原因

是否因市場問題、企業
暫時的問題被大書特書

檢查企業本身

是否仍長期處於
競爭優勢地位

是否仍有優秀的經
營者,值得信賴

若無致命的缺陷

便宜!買進

弄清楚股價下跌是企
業暫時的問題?還是致
命缺陷?分辨原因很重
要。

巴菲特投資哲學

大家都只盯著記分牌
看,但真正應該看的是
操場上進行的比賽。

市場低迷時才是機會

1973年,華盛頓郵報下跌到了每股6美元。後來股價上漲到了原來的數百倍,正印證了:優良企業股價如果下跌,才能輕易買到便宜貨。
GEICO也一樣,在76年,該公司被指財務基礎弱,股價從61美元下跌到了原來的三十分之一。巴菲特認為該公司比其他保險公司擁有更有優
勢的事業,他對經營者的素質也有好感,認為公司絕對不會就這樣一蹶不振,於是投入了4600萬美元。不久,對該公司的評價恢復,就像
巴菲特所想的那樣,原來的4600萬美元變成了數億美元。
從以上例子中可以知道,企業由於某種原因出現問題時,股價下跌。但是,如果這家企業有內在的價值,不久就會恢復信譽,股價將轉入
上漲。

第十二節　鍾愛已構築高門檻的企業

見樹不見林，本來是用於貶義，但巴菲特卻相反，他重視樹木不理會森林!用個比較誇張的比喻，就算美國總統在他耳邊偷偷告訴他長期經濟預測，他將連頭也不回繼續埋頭分析企業。巴菲特認為分析企業是投資王道，如果兼顧長期預測這些多餘的東西，容易判斷錯誤。

比如，已收集目標企業的資訊，決定要投資。但是，由於把注意力放在長期經濟預測和市場動向上，就會因害怕而不買進，最終後悔的是自己。當然，巴菲特並不是不會去看經濟動向。2001年，紐約發生恐怖事件，股票市場受到影響。但是，他當時很冷靜並宣佈「如果大幅度下跌，將會買進」就像預言所說的，3年後市場恢復，S&P500指數刷新了史上最高值。

關注不敗的商標與其共同點

那麼，什麼企業才值得買進呢？

那就是擁有長期穩定的業績，能夠預測今後也會繼續成長的企業。以巴菲特的選股特質，他偏好尋找絕對可靠的「特權企業(franchise)」也就是一般消費者會不加思考就放入購物籃的商品，而且是從過去到現在、未來都會壓倒其他公司的產品。

特權企業的特點——

①任何人都需要的產品和服務。

②即使不再投下大規模資本也能生產。

③目前還沒有出現替代品。

④不會捲入價格競爭的品牌。

市場在任何時候都需要這些產品和服務，他們擁有超群的競爭力，利潤也高。如果處於優勢地位，擁有獨特的產品，就等同沒有競爭對手。例如從70多年前開始的See's Candies，該公司的巧克力和糖果就是人氣商品，雖然價格比超市的折扣商品高，但是消費者還是會指名買See's。這樣的產品不易捲入價格戰。

與特權企業正好相反的是任誰都能簡單製造的商品，例如原油、鐵，鋁、銅等非鐵金屬，小麥和咖啡等規格也很統一，很難有自己的特徵。而且這些商品必須符合市場價格。也就是說，產品和價格沒有獨特風格，而且一旦供給過剩就會被殺價。另外這類產品從哪裡買進都沒有太大區別，且買方能夠提出嚴格的價格要求。

這類型企業要能生存，需要看清今後供需關係並進行與之相對應的設備投資和生產調整。但是，在競爭激烈的時代，期待成本效果並非易事。

這個領域會有很多新參與者加入，會反復頻繁的打降價戰，除非非常有特色，才不會捲入劇烈競爭，所以，投資人要一再確認新生產方案，才能做為繼續持有股票的理由。

巴菲特的理想企業

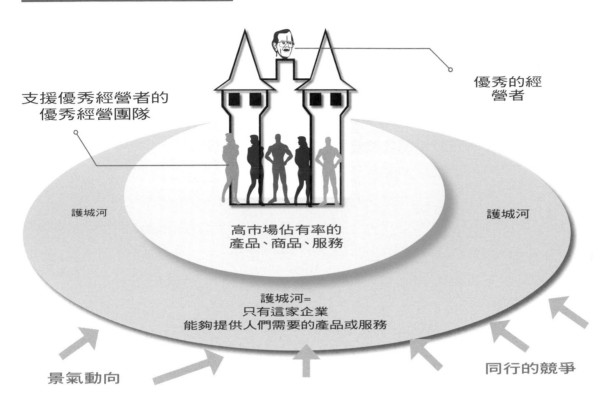

優秀的經營者

支援優秀經營者的
優秀經營團隊

護城河

護城河

高市場佔有率的
產品、商品、服務

護城河=
只有這家企業
能夠提供人們需要的產品或服務

景氣動向

同行的競爭

巴菲特投資哲學 「我理想中的企業周圍有很深的護城河保護，具有堅不可摧的城堡。」

特權（franchise）企業	commodity企業
技術力量、產品開發優秀 →誰都想要	產品材料領域、原物料領域 →哪里的產品都可以
具有品牌效應，銷售力很強 →目前還沒有出現替代品	任何地方的產品價格都差不多 →利潤很低
市場佔有率高 →即使不投入大資本也能生產	規模統一 →競爭激烈、降價壓力大
資訊、物流系統優秀 →不會捲入價格競爭	

特權企業優勢多多！

第十三節　選擇有信心的股票集中投資！

一般投資人認為持有幾種不同股票能夠分散風險，但是，巴菲特認為集中投資風險更小。

集中投資的好處

比較一下兩種方式:一種是50種股票的分散投資;另一種是5種股票集中投資。假設其中一種股票價格上漲到原來的2倍。分散投資由於有50種，所以整個投資案價值只上漲2%。

但是，集中投資的整體價值上漲20%。如果你期望在分散投資中獲得20%的上漲率，50種分散投資中的10種股票必須上漲到原來的2倍。

5種股票中有一種上漲到2倍，與50種股票中10種上漲到2倍相比，當然前者可能性更高。

這裏還有一個問題:在50種股票中發現40個安全股票，與5種股票中尋找4個安全股票相比，哪個更簡單？

答案是後者。

巴菲特曾經實際調查過集中投資和分散投資哪個利率高，結果發現集中投資利率遠遠高出很多。

集中投資需要集中資金，當然收益也大。不過，集中投資更重要的是投資的效果。從多數中選出最合適的股票需要很多時間。做任何一件事情都是一樣，如果不周密計劃，風險會增大。一般人能夠投入的資金量和調查時間並不多。如果再採用分散投資，每檔股票的投資額和利潤率以及花費的調查時間都會變少。

以巴菲特而言，他自陳總是嚴格挑選5到10種股票，徹底投入時間與資金。

新商業特有的失敗風險

除了集中投資與前一節提到的偏好特權企業外，巴菲特也特別喜歡踏踏實實營業的企業。理由是容易把握營業情況，能夠預見收支狀況。而巴菲特幾乎不買電子產業、生物科技的股票，尤其是那種宣稱可能會改·變·世·界的新技術或產品。

他認為即使某個產品有改變世界的潛力，但是這個企業是否能夠繼續保持競爭優勢還是一個疑問。

也就是說，具有“改變世界”魅力的新商業，可能在最初會取得轟轟烈烈的成就，但失敗的危險性也很高，這是巴菲特的哲學。

除了這個原因，巴菲特自己對高科技不熟悉也是因素。即使事實是高科技股一律上漲，其他的投資人獲得巨大利潤。

但是，他不在乎!

他仍堅持自己的理念——

不對不熟悉的領域投資。

提高選對股票機率應考慮——

① 　獲利模式看得懂，且有數據可供進行長期預測。

---

② 　投資所謂的 "老經濟"。10年以後也能夠同樣穩定。

---

③ 　選擇不會因為出現新的競爭對手，就 "跌倒" 的企業

為什麼巴菲特不喜歡高科技股?

變動劇烈的高科技股，無法讀出做為投資標準的現金流量，也就是無法明確預測企業將怎樣提高利潤。

巴菲特說:「不要靠近看似能夠讓你輕輕鬆鬆賺錢的企業。只要無法明確預測企業如何提高收益，就值得懷疑。」

他同時還很重視「自己知道什麼」。因為不瞭解而放棄有時候也很可惜。那時，他會盡可能努力擴大瞭解的範圍。然後在瞭解了的範圍中投資。已經努力卻無法瞭解的部分，就暫時放棄。

因此，巴菲特投資向來不著急。他抱持著:「弄清楚是否真正是有價值的企業後再投資也不遲。如果是真正有價值的企業，股價應該會進一步上漲。這時再買進完全來得及。」

模仿巴菲特?

投資沒有一個人可以完全模仿另一個人，最重要的還是要找出自己的風格。

第十四節　投資不再迷惑的7個習慣

巴菲特一旦決定了買進、賣出，就會毫不猶豫的付諸行動。那是因為他有明確的投資標準。但是，普通投資者很難像他那樣做出決斷。

好的交易習慣是獲利關鍵

「可能還會漲一點」

「等明天、等再下跌一點」……

有時以上的判斷是正確。

但是，一旦養成對股價搖擺不定的惡習，多半都會導致負面結果。

選股也同樣如此。

很多投資者經常猶豫這個股票真的好嗎?一旦產生了懷疑就容易採取觀望態度，或者減少最初準備買進的數量，考慮視情況增加買進。但是，能夠讓他們買進的機會不再光臨。

還有人一直猶豫要投入多少資金？

投資，只要不採取行動，就不會獲得任何結果。巴菲特剛開始也是這樣。但是，經驗改變了他。不久，他就能夠在短時間判斷新的投資計劃和現在持有股，哪個較有優勢。如果認為新投資更有優勢，他就不會猶豫。他說「不能猶豫，時間越長，心中盤踞的"疑雲怪物"將長得越大，讓我們越難判斷。」

要去除投資時的"疑雲怪物"，需要養成投資好習慣。為此，請回答右列巴菲特實踐的各項問題。

全部回答是的人，已經到達了投資達人領域。另外，也建議投資人把①-⑦中回答否的各項寫在紙上，不斷告誡自己。養成有意識的行動習慣。

好散戶勝過法人

很多人都誤解，在股票市場上散戶一定贏不了法人，所以經常會出現跟著法人走的情況。

投資事業不同於其他，散戶反而有絕對優勢。因為投資法人必須每三個月向投資人報告，但個人投資者可以按自己節奏不慌不忙的選擇，長時間持有。

法人投資者不得不經常在意眼前的成績，因為投資人並不都會願意等待長期結果。所以法人若不保證短期利潤，就有可能失去資金。為了留住顧客，法人不得不採取近視眼式的投資方式。在這一點上，個人投資者不同，個人投資者能夠自己判斷買賣時間，沒有一定的期限要求提高利潤。能夠像巴菲特一樣不慌不忙的選擇商標，長期持有。

個人投資者能夠從長期的角度考慮，不必因為暫時的股價下跌陷入恐慌。

巴菲特告訴我們平靜的忍耐，繼續持有就能成功。能夠將這一點付諸實踐的是個人投資而非法人。

投資猶豫時的最終確認表

		YES	NO
❶	你是否對該企業有充分調查過的把握？		
❷	是否按照自己的投資標準，自己決定？		
❸	是否不對自己不瞭解的企業進行投資？		
❹	是否分析金融資訊，確立自己的標準？		
❺	是否不被股票專家的意見左右？		
❻	即使股價低迷，是否仍會判斷企業真正的價值而不會一直等待？		
❼	是否不被周圍的氣氛所左右？		

巴菲特犯錯時

1988年，巴菲特原本打算投入3億5000萬美元買進聯邦住宅抵押。但是，在買進了700萬股後，股價開始暴漲。討厭投資猛漲的巴菲特中斷了收購並賣掉了已經買進的700萬股。但之後聯邦住宅抵押持續上漲，如果當時忍耐下去，將會獲得20億美元的利潤。

巴菲特沒有忘記那次錯誤。1993年，他大量購買了可口可樂的股票，在不斷買進的過程中股價暴漲，但是，這次他沒有賣掉可口可樂。

事實上，巴菲特也犯過很多錯誤。只不過他發現錯誤趁傷口沒有擴散的時候就會停損。

股票超入門

股票超入門 ① 技術分析篇──定價 249 元──

股票超入門 ② 看盤選股篇──定價 249 元──

股票超入門 ③ 基本分析篇──定價 249 元──

股票超入門 ④ 當沖大王──定價 450 元──

股票超入門 ⑤ 波段飆股──定價 399 元──

股票超入門 ⑥ K線全解──定價 249 元──

股票超入門 ⑦ 投資技巧──定價 249 元──

股票超入門 ⑧ 短線高手──定價 249 元──

股票超入門 ⑨ 主力想的和你不一樣──定價 299 元──

……持續產出中

☎ 來電優惠

電話郵購任選二本，即享85折
買越多本折扣越多，歡迎洽詢
大批訂購另有折扣，歡迎來電‥‥‥‥‥

【訂購資訊】

http://www.book2000.com.tw

郵局劃撥：帳號/19329140　戶名/恆兆文化有限公司

ATM匯款：銀行/合作金庫（代碼006）/三興分行/1405-717-327091

貨到付款：請來電洽詢　☎ 02-27369882　📠 02-27338407
TEL　　　　　　　FAX

📠 來電優惠。

電話郵購任選二本，即享85折
買越多本折扣越多，歡迎洽詢
大批訂購另有折扣，歡迎來電・・・・・・・・・・

股票玩家推薦度
100%
睿智的交易智慧
投資因此完美

─幽靈的禮物

定價：420元

作者：亞瑟・辛普森

美國期貨大師 「交易圈中的幽靈」

交易是失敗者的遊戲，最好的輸家會成為最終的贏家。接收這份禮物，你的投資事業將重新開始，並走向令您無法想像的坦途。

─作手

定價：420元

作者：壽江

中國最具思潮震撼力的金融操盤家

「踏進投機之門十餘載的心歷路程，實戰期貨市場全記錄，描繪出投機者臨場時的心性修養、取捨拿捏的空靈境界。」

─巴菲特股票投資策略

定價：380元

作者：劉建位

上海社科院經濟學博士

儘管巴菲特經常談論投資理念，卻從不透露操作細節，本書總結巴菲特40年經驗，透過歸納分析與實際應用印證，帶領讀者進入股神最神秘、邏輯最一貫的技術操作核心。

【訂購資訊】

http://www.book2000.com.tw

郵局劃撥：帳號/19329140 戶名/恆兆文化有限公司
ATM匯款：銀行/合作金庫（代碼006）/三興分行/1405-717-327091
貨到付款：請來電洽詢　📠 TEL 02-27369882　📠 FAX 02-27338407

投資達人 Investor

投資達人 ① 出現了這樣的圖形，接下來要買？賣？

投資達人 ② 出現了這樣的圖形，接下來多？空？

投資達人 ③ 極短線交易

投資達人 ④ 捉起漲點

投資達人 ⑤ 酒田五法

投資達人 ⑥ 移動平均線

投資達人 ⑦ 量價關係

投資達人 ⑧ 支撐・壓力

投資達人 ⑨ 套利與停損

投資達人 ⑩ 機械式買賣應用：40/20交易法則

投資達人 ⑪ K現實戰：日線、時線、分線

……持續產出中

來電優惠。

電話郵購任選二本，即享85折
買越多本折扣越多，歡迎洽詢
大批訂購另有折扣，歡迎來電……

【訂購資訊】

http://www.book2000.com.tw

郵局劃撥：帳號/19329140 戶名/恆兆文化有限公司

ATM匯款：銀行/合作金庫 (代碼006)/三興分行/1405-717-327091

貨到付款：請來電洽詢

TEL 02-27369882

FAX 02-27338407

• 國家圖書館出版品預行編目資料

股票超入門.3　基本分析篇 / 新米太郎 編著.

臺北市：恆兆文化，　　　　　　　　　　　2009.04

176面；　　　　　　　　21公分×28公分

ISBN 978-986-6489-03-7(平裝)

1.股票投資 2.投資分析

563.53　　　　　　　　　　　　　　98000027

股票超入門 ③ 基本分析篇

出版所 恆兆文化有限公司
　　　　Heng Zhao Culture Co.LTD
　　　　www.book2000.com.tw

發 行 人　　張 正
作　　者　　新米太郎
封面設計　　尼多王
責任編輯　　文喜
插　　畫　　韋懿容
電　　話　　＋886-2-27369882
傳　　真　　＋886-2-27338407
地　　址　　台北市吳興街118巷25弄2號2樓
　　　　　　110,2F,NO.2,ALLEY.25,LANE.118,WuXing St.,
　　　　　　XinYi District,Taipei,R.O.China
出版日期　　2009/04初版　2009/04二刷　2009/06三刷
　　　　　　2009/08四刷　2009/11五刷　2010/11六刷
　　　　　　2011/02七刷
ＩＳＢＮ　　978-986-6489-03-7(平裝)
劃撥帳號　　19329140 戶名 恆兆文化有限公司
定　　價　　249元
總 經 銷　　聯合發行股份有限公司　電話 02-29178022

• 著作權所有，本圖文非經同意不得轉載，如發現書頁有裝訂錯誤或污損事情，
　請寄回本公司調換。
　ALL RIGHTS RESERVED.